Thomas Van Hamme

L'ÉVEIL

Kennes
www.kenneseditions.com

Photo de couverture :
© Indira Yoga Soulretreat, Zahora 2023
Dépôt légal : D/2023/13.105/74 | R1/2023
ISBN : 978-2-3807-5948-8 | NUART : 24-6955-1

Imprimé en Europe.

PEFC 10-31-3532 IMPRIM'VERT®

Pour toi Zoé,
On s'est bien retrouvés nous deux !

PRÉAMBULE

Les gens du coin l'appellent la playa de los Muertos. Immense et sauvage, bordée de dunes où s'éparpillent quelques maisons blanches au style hispano-mauresque, certaines surmontées d'une coupole, d'autres parsemées de mains de Fatima stylisées en guise de créneaux. Derrière elles, une colline de sable consolidée par les racines solides de milliers de pins parasols. Et devant, le fracas de l'océan. C'est ici que se sont échoués les sacrifiés de la bataille de Trafalgar. Ils étaient plusieurs milliers. C'est dire si l'énergie y est particulière. Paradoxalement guérissante. Une sorte de nettoyage profond qui bouleverse les cellules. La plage d'un nouveau départ, en témoignent les barques de fortune laissées là par les migrants qui, chaque jour, risquent leur peau en traversant ce détroit meurtrier en quête d'une vie meilleure. Au loin, par temps clair, on devine les côtes marocaines et Tanger la blanche, ville de tous les fantasmes. Ici, c'est une terre de pirates, de contrebandiers. Un îlot de liberté. Ici, c'est le refuge où je peux être moi en n'étant personne.

Hannah est blottie dans mes bras alors que le soleil rougeoie et s'enfonce dans les vagues. Bientôt, le phare de Zahora prendra le relais et il sera temps de rentrer. Snap, mon compagnon de toute cette aventure, monte la garde. Et un immense sentiment de complétude m'envahit. Comme j'aime la douceur et la beauté de cette magicienne qui m'a appris, en m'ouvrant à sa féminité, à me réconcilier avec ma masculinité. À apprécier la magie de deux polarités qui s'unissent pour tendre à la perfection du yin et du yang.

Hier encore, ma vie semblait parfaite, j'en étais intimement persuadé. Elle correspondait parfaitement aux critères de notre monde. Depuis près de vingt ans je partageais mon existence avec Jean, un homme merveilleux que je n'arrive d'ailleurs toujours pas à détacher de mon cœur. Mais surtout, j'offrais aux autres l'image de ce qu'ils considèrent aujourd'hui comme la réussite. La beauté, la notoriété, le pouvoir et l'argent. Une vie de papier glacé que je m'étais construite pour panser le terrible manque qui m'habitait, que je soupçonnais mais dont je n'étais pas conscient. Pour masquer aux yeux du monde de vastes zones d'ombre desquelles je m'accommodais tant bien que mal. Comme si c'était l'inévitable prix à payer pour ce bonheur construit mais si peu réel.

Que s'est-il passé dans ma vie pour que s'écroule ce si joli château de cartes ? Pour que j'abandonne cette carrière que j'avais mis trente ans à façonner pas à pas et qui en était à son apogée ? Pour que je quitte famille, amis et amour pour me retrouver sur cette terre du bout du monde où cette inimaginable nouvelle version de moi-même trouverait finalement le terreau pour émerger ? C'est cette histoire que je vais vous raconter.

PREMIÈRE PARTIE

I

Elle commence il y a dix ans dans un avion entre Bruxelles et Madrid où je m'apprête à faire escale avant de m'envoler pour Rio. J'y rejoins une équipe technique qui a pris quelques jours d'avance pour engranger des images. Nous sommes à quelques semaines du Mondial de foot. Un tournage comme je les aime même s'il laisse assez peu de temps pour souffler, puisqu'il s'agit avant tout de rentabiliser au maximum le temps passé sur place. Mais profiter de quelques jours des plages d'Ipanema et de Copacabana, des vues à couper le souffle sur les hauteurs des favélas et fouler le gazon mythique du stade Maracanã afin d'y enregistrer des plateaux de présentation, voilà les avantages du métier dont je suis ravi de profiter. Pour d'évidentes raisons budgétaires, j'aurais dû voyager en éco, mais en dernière minute la compagnie aérienne me propose un surclassement pour quelques centaines d'euros. Et elle insiste. Comme si le destin voulait impérativement que je me retrouve en business. Je comprendrai bien plus tard que le hasard n'existe pas et que je devais précisément être là où l'on m'installe dans l'avion, seul au milieu de ces cinq rangées de sièges complètement vides. L'avant de l'appareil ne se différencie de la classe inférieure bondée que par un petit rideau tiré entre les deux espaces et le sourire obséquieux d'une hôtesse entre deux âges, rompue à l'exercice d'une cordialité très professionnelle.

L'équipage s'apprête à fermer la porte quand déboule une femme que je reconnais. Tenue de baroudeuse, treillis à poches et chaussures de randonnée, Beth est vraiment belle. Grande brune sportive et racée. L'élégance des gens bien nés. Elle me sourit. Nous ne nous connaissons pas vraiment mais nous nous sommes déjà croisés à Knokke, le petit Deauville belge. C'était lors d'une réception ultra-mondaine au golf du Zoute. Je me souviens qu'elle m'avait impressionné par son assurance et son aura. Je comprends bien vite qu'il ne faut pas se fier aux apparences. Qu'elle porte sur ses épaules une infinie douleur qu'elle essaie de masquer tant bien que mal. La préposée à l'enregistrement l'a installée dans la même rangée de sièges que moi, juste de l'autre côté de l'allée. Comme si l'hôtesse au sol avait voulu un rapprochement entre ces deux cœurs qu'elle imaginait peut-être solitaires. Ou comme si l'Univers avait planifié cette rencontre.

Beth m'explique qu'après Madrid, elle rejoindra le Pérou et le village de Pisac au cœur de la vallée sacrée des Incas. Si les hippies des seventies privilégiaient le Népal et Katmandou, la génération New Age de ce nouveau millénaire lui préfère aujourd'hui l'Amérique du Sud. Et en particulier cette région très spéciale le long de la cordillère des Andes. Une histoire d'énergie tellurique qui se serait déplacée et qui irradierait désormais sur cet autre continent. Et pour y faire quoi ? Une retraite chamanique au cœur de la jungle où elle s'apprête à boire l'ayahuasca. Aya quoi ? Beth me parle longuement de cette boisson hallucinogène utilisée depuis des milliers d'années par les guérisseurs des tribus d'Amazonie. Un remède de moins en moins confidentiel. Une sorte de thérapie par la transe. La boisson, née d'un mélange entre l'écorce d'une liane et les feuilles d'un arbre perdu dans la forêt, permettrait d'entrer en contact avec ce qu'il y a de plus profondément enfoui dans notre subconscient, de faire remonter à la surface des traumatismes très anciens et de littéralement les purger. Comment ? En les vomissant, les chiant, les pissant, les pleurant ou les hurlant. Beau programme. En résumé : dix ans de psychanalyse en une nuit. Une sorte de pilule magique, le vomi et le reste en extra. Et cerise sur ce gâteau peu ragoûtant, la certitude d'une expérience mystique indescriptible.

Beth se confie. Elle me dévoile ce qui la pousse à mener ce travail à la fois psychique et spirituel. À entamer cette quête. Elle évoque son enfant gravement malade qui a bouleversé sa vie et celle de son couple. Le malaise qu'elle ressent lors de ses obligations mondaines. Ce décalage au plus profond de son être. L'impression de ne pas être la bonne personne au bon endroit. Pour la première fois, je comprends que je ne suis pas seul à vivre ce sentiment. Moi qui souffre aussi de ce syndrome de l'imposteur, l'idée d'être le vilain petit canard dans un monde où tout le monde semble si beau, si sûr de lui et tellement à sa place. Je ressens cette blessure en moi que je soupçonne immense, mais que je n'ai jamais voulu explorer malgré une famille de psys et d'analysés. Trop peur d'en baver sans doute.

Elle m'explique qu'elle compte participer à des cérémonies d'ayahuasca à son retour en Belgique. Organisées par des amis d'amis. Illégales et donc secrètes. Mais je pourrais y participer si je le souhaitais. Je lui dis oui... Tout en pensant non. Oui, parce que l'idée de prendre une pilule magique, un étrange médicament, me plaît. J'ai toujours été partant pour ce genre d'aventures sur le fil du rasoir. Non, parce que Beth, même si je la trouve charmante, me semble tout de même perchée très haut. Nous nous quittons donc à Madrid sur de belles promesses, celles de nous revoir et de vomir ensemble. Chouette. Mais je suis persuadé de ne plus jamais entendre parler d'elle ni de cette plante étrange dont j'ai déjà oublié le nom imprononçable. Je n'ai qu'une hâte : m'étendre confortablement dans mon siège business, une coupe de champagne à la main, en rêvant de Rio et de ses Cariocas. Je ne sais pas encore que ce moment de politesse à tendre l'oreille à ce que je pense être les délires d'une grande bourgeoise en manque de repères va déboucher sur l'expérience la plus transformatrice de ma vie.

II

Le grand studio radio est comme un phare dans la grisaille de ce mois de mai bien belge. Dehors, il pleuvine, mais je peux à peine le voir tant la lumière des spots est intense à l'intérieur. Il y a du rouge partout, couleur de la station. Pas de quoi s'endormir. On est dans le vaisseau amiral. La tête de gondole. Et j'en suis le copilote plein d'orgueil, assis bien en vue le long d'une table immense qui occupe la quasi-totalité de la longue pièce rectangulaire et vitrée. Surmontées d'un épais micro, des encoches comme des vagues dans le bois sont là pour accueillir ceux qui vont parler. Un écran d'ordinateur à chaque poste. Et partout des caméras. Sur le bureau, au plafond… « Big Brother is watching you. » Ou plutôt des milliers de téléspectateurs qui, pour siroter leur dose de caféine matinale, préfèrent regarder la radio plutôt que de l'écouter. Étrange mode qui, en voulant offrir plus, ne fait qu'éteindre une part de la magie de ce média si particulier et tellement cher à mon cœur. La radio, c'est un tête-à-tête unique avec un auditeur. Quand mon micro est ouvert, je ne m'adresse toujours qu'à une personne, car les émotions se doivent d'être chuchotées à l'oreille, les informations délivrées en aparté. L'image, en élargissant le spectre, ne peut qu'altérer ce moment d'intimité partagé. Et cette minicaméra de surveillance qui me fixe à vingt centimètres du nez me stresse au plus haut point. Ici, pas question de tricher comme on le fait à la télé. Filmés non-stop, même hors antenne. Si j'ai la tête dans le guidon, tant pis pour moi. Et là, c'est carrément le jet-lag et la déprime post Rio. Alors, j'angoisse un peu. Encore. Parce que je sais qu'on va m'envoyer des messages pour me parler de ces cernes qui inquiètent un peu et de mon air fatigué malgré mes sourires enjoués. Que c'est la première chose que Maman me dira quand je l'appellerai tout à l'heure. J'y accorde beaucoup trop d'importance et cela me pourrit la vie.

Plus que quelques secondes avant sept heures. La grand-messe va bientôt commencer. Philippe me salue à travers la longue fenêtre qui donne sur le couloir. C'est le boss. Toujours là pour accueillir l'invité politique du jour dans la matinale. Réseaux et influence. J'inspire un grand coup et je me remplis d'énergie alors que le voyant rouge s'allume au-dessus de la vitre de la régie qui nous fait face. Malgré la fatigue, je me reconnecte à la joie réelle d'être la voix qui réveille des centaines de milliers de personnes chaque matin aux quatre coins du pays. La radio, c'est la vraie vie qui s'invite au micro. Alors, dans un grand sourire radiophonique, j'annonce : « Bonjour à vous ! Merci d'être avec nous en ce lundi matin, il est 7h. – *Jingle* – Voici le journal présenté par... » Enthousiasme, chaleur humaine, convivialité et proximité. Tout est dans l'intonation. Dans la qualité des échanges aussi. Mais ce matin, j'ai à nouveau un mur devant moi. Ma coprésentatrice. Ma soi-disant complice matinale. Qui n'a jamais accepté ma présence à ses côtés. Et je la comprends. J'ai été imposé. Faute d'audience, son partenaire des débuts, son ami, j'irais même jusqu'à croire son mentor, a été déboulonné. C'est un vrai journaliste de news, comme elle. Et voilà qu'on le remplace par un présentateur au joli minois qui, certes, a fait les mêmes études de journalisme qu'elle, mais s'est fourvoyé dans des jeux télévisés et des magazines grand public. Alors, ça ne passe pas. Et ça ne passera jamais. J'ai commis des maladresses, mais ma sensibilité extrême se cogne à sa grande rigueur qui tourne à la dureté envers moi et d'autres, mais surtout sans doute envers elle-même. J'ai connu beaucoup de duos dans ma carrière, mais celui-ci ne fonctionne pas. Il faut un minimum d'entente, d'envie d'être au service l'un de l'autre. Le public n'est pas dupe. D'ailleurs, on a beau encore présenter la matinale radio la plus écoutée, les audiences s'effritent doucement. Alors, j'évite la blague pourrie qui ne la fera pas rire, le petit mot gentil qui ne sera pas relevé, et je ronge mon frein.

J'ai été débauché par la chaîne privée il y aura bientôt trois ans. On m'a fait des appels de sirènes auxquels je n'ai pas résisté après dix-sept ans passés dans un service public qui m'avait formé et cajolé, mais dans lequel je commençais à m'encroûter. Alors, j'ai fait monter les enchères d'un combat qui, je le savais, allait bien au-delà de moi. J'étais le pion d'une partie d'échecs entre deux tycoons qui se vouaient une haine viscérale et pour qui tous les coups étaient permis face à l'adversaire. J'en ai fait mon profit. Financièrement je veux dire. Parce qu'autrement je suis vite tombé des nues face au changement d'atmosphère. Le choc. Deux mondes aux antipodes. Je venais d'un univers certes plus hiérarchisé, plus compliqué et plus lourd à faire avancer, mais où les petits, ceux qui faisaient vivre l'antenne, se réunissaient en familles créatives et dorlotantes. Un environnement assez cloisonné, sans trop de luttes de pouvoir, du moins au niveau qui était le mien.

Quand je suis arrivé dans mon ancienne maison, on m'a rapidement fait comprendre que celui qui était à l'antenne n'était pas plus ou moins important dans le processus global que le gars qui portait les câbles des caméras. Logique d'une époque révolue. Ici, c'est différent. Nettement plus petit. Plus rentable. Plus efficace et transversal. Je découvre que la brillance et les belles mises sont là pour cacher le manque de moyens mis au service de la production. Tout est donc affaire d'image, d'emballage, de bon marketing. Pour mieux vendre, on mise sur des personnalités pleines de talent dont on fabrique et amplifie l'aura grâce à un excellent service de presse. Elles serviront à apporter un peu plus de dorure et de légitimité au produit en en étant les sympathiques et appréciés ambassadeurs. Faut clairement un minimum d'ego pour le job. Me voilà donc au cœur d'une immense foire aux vanités dont je ne comprends pas tout de suite les règles. Pourtant, les immenses photos des vedettes de la chaîne qui ornent les couloirs du bâtiment auraient dû me mettre la puce à l'oreille. La boîte fonctionne à ça. Et mieux vaut avoir son portrait face aux ascenseurs du rez-de-chaussée que face à la porte d'une remise. Le mien est d'ailleurs toujours en bonne place. Alors, quand la nouvelle de mon arrivée, annoncée comme le transfert de l'année, a fait la une de tous les journaux, pas sûr que cela ait plu à tout le monde. Ici, on craint pour sa place ou bien on convoite celle d'un autre. Quand ce n'est pas les deux à la fois. L'hypocrisie règne en maître. Mielleuse. Dangereuse. Je ne me suis pas méfié tout de suite des sourires de comédie qu'on m'affichait et j'ai reçu quelques couteaux dans le dos. J'ai été obligé de m'endurcir, de masquer comme je pouvais cette hypersensibilité qui m'empoisonne. J'ai fait valoir mon ego qui n'avait d'ailleurs pas attendu cet appel pour déjà déborder. J'ai plongé avec délice dans le rôle qu'on attendait de moi et profité de ce pouvoir et des privilèges qu'on m'a accordés.

En roulant tôt ce matin pour rejoindre le studio, j'ai croisé ma tête affichée sur tous les abribus. Belle photo. Un peu trop retouchée. Après trois ans d'un matraquage du même genre avec des audiences au sommet, je suis devenu une sorte de phénomène de foire. Ma notoriété a été multipliée. Les gens se retournent dans la rue. Chuchotent devant moi. Les éboueurs klaxonnent à mon passage. Des caissières hurlent de surprise quand je m'approche d'elles. Lors de séances d'autographes comme seule la chaîne peut en organiser, j'ai vu des femmes s'effondrer en larmes à ma simple vue. C'est totalement surréaliste, disproportionné, bien sûr très gentil, et c'est sans aucun doute ce que je voulais si intensément depuis le tout début. Ça vient colmater quelque chose de cassé chez moi. Le seul souci, c'est que ça devient invivable. D'être en représentation permanente dès que je mets le nez dehors. De devoir porter un masque en permanence pour répondre à l'attente de ces gens à qui je quémande un peu d'amour, mais dont je ne sais rien alors qu'ils en savent tant sur moi. Du moins ce que je veux bien leur donner. Alors, de plus en plus, quand je ne tourne pas pour la télé, je reste de longs après-midi seul à la maison. Je m'isole. Je fume des joints, vautré dans le canapé en zappant sur Internet. Pas beau à voir. Mais personne ne le voit. En fait, cela m'extrait de quelque chose. D'un sentiment de non-accomplissement alors que j'ai fini par devenir ce que j'ai toujours rêvé d'être. Que j'y ai mis du cœur et du travail. Dans le job proprement dit bien sûr. Mais aussi dans la fabrique de cette version de moi magnifiée, devenue aujourd'hui une marque. Je suis assez content de moi pourtant. Plutôt fier. Et je sais que cela fait très plaisir à mon célèbre papa qui gonfle de fierté chaque fois qu'on lui demande si je suis bien son non moins célèbre rejeton. Cela réjouit moins mon amoureux qui, rentrant tard du boulot, se retrouve trop souvent face à une épave, déjà prête à aller se coucher pour affronter un nouveau réveil à l'aube sans grande envie d'y retourner. Pas de dîners entre amis, de soirées à l'extérieur. Au lit ! Jean a beaucoup de mérite à supporter cette autre face du gendre idéal.

Un SMS vient d'atterrir sur mon écran d'ordinateur. C'est notre façon de communiquer avec les auditeurs. J'en reçois plein. Des félicitations et des petits mots gentils par dizaines qui me réchauffent le cœur. Mais chaque matin, il y en a un que je redoute et il vient d'être envoyé. Avec la notoriété, j'ai découvert la haine. Les insultes par message qui me heurtent mais finissent par glisser. Ici, c'est différent. Chaque matin, un ou plusieurs textos. Et toujours des remarques désobligeantes sur mon travail, ma voix... Son auteur a flairé mon insécurité, mon sentiment d'illégitimité. Je suis sûr qu'il m'observe via les caméras et qu'il guette ma réaction à la réception de sa missive empoisonnée. Parce qu'il sait l'effet que ça me fait. Qu'un seul de ses messages peut anéantir le contenu plein d'éloges des dizaines d'autres que je reçois chaque matin. J'ai déjà essayé d'entrer en contact avec lui, mais le salaud ne répond pas. Il voit que je patine et ça le fait jouir. Quelque chose me dit que je le connais. Qu'il pourrait même travailler avec moi. Qu'il sait en tout cas parfaitement comment je fonctionne et la façon de me faire perdre pied.

III

Je frissonne sur mon vélo alors que la nuit tombe doucement sur Knokke et son décor bucolique tellement parfait. Ce doit être à cause de l'humidité et de la fraîcheur typiques des soirs d'été à la mer du Nord. Mais pas seulement. La peur aussi me traverse. Une terrible appréhension m'étreint tandis que je pédale jusqu'à la maison renseignée par Beth à quelques encablures de chez moi. Par deux fois, j'ai refusé l'invitation ultraconfidentielle qu'elle m'a transférée. À la troisième, je n'ai plus osé dire non en prétextant une fois encore un problème d'agenda. Question d'éducation. Peut-être que ce rendez-vous avec la plante doit avoir lieu, mais je me demande vraiment ce que je viens faire dans cette galère. Et en même temps la curiosité me titille et je sens une sorte d'appel. Bien sûr, j'ai suivi à la lettre les prescriptions. Comme demandé, je n'ai rien avalé depuis ce matin et j'ai l'estomac qui gargouille. Plus de viande rouge, de plats industriels ou de sucre raffiné une semaine avant la cérémonie. Entre autres. Pas de sexe non plus. Il s'agit de s'alléger le corps et l'esprit avant un voyage qu'on me prédit éprouvant mais libérateur, et je me trouverais bien fou si je ne suivais pas ces instructions détaillées avant cette plongée dans l'inconnu. Il y a aussi une liste de médicaments prohibés longue comme le bras. Bref, rien pour me rassurer.

La villa est plongée dans la pénombre. Seule la piscine éclairée donne une teinte bleuâtre à l'ensemble. C'est une version contemporaine du cottage anglo-normand comme on en voit beaucoup ici, en nettement plus grand, avec ses toits de chaume et ses larges baies vitrées. À l'intérieur, je découvre mes futurs camarades de jeu à la lueur des bougies et du grand feu de bois qui crépite dans la cheminée. J'en connais quelques-uns. Relations mondaines. Mais ce soir, ils sont tous en pyjama ou portent des vêtements amples et confortables comme on nous l'a recommandé. Et visiblement, au vu des conversations qui s'animent, je ne suis pas le seul pour qui ce sera la première fois. Les rires nerveux se mêlent à l'inquiétude. Les canapés du salon ont été poussés sur les côtés pour laisser la place à des matelas installés en cercle. Il y a des couvertures et des peaux de bêtes, des candélabres surmontés de bougies scintillantes placés au centre et des coussins par dizaine. Des instruments gisent à terre : tambours et tambourins, flûtes et guitare. Un vrai cocon douillet si ce n'étaient les seaux en plastique posés au pied de chaque couche et les rouleaux d'essuie-tout qui me rappellent que nous sommes quand même là pour une purge.

Beth est lumineuse dans un large ensemble blanc et vaporeux. Elle me sourit et me prend dans ses bras. J'aimerais être aussi détendu qu'elle. Ma nouvelle amie passe à l'anglais pour me présenter Carlos qui guidera la cérémonie. La quarantaine, petite barbe, il a le teint bronzé et les cheveux longs en bataille. Il porte une sorte de caftan brodé agrémenté de colliers ethniques. Lui aussi me sourit, comme pour me rassurer. Me faire comprendre que tout va bien se passer. Beth m'explique que Carlos est un ancien DJ d'Ibiza qui bataillait contre ses démons et ses addictions avant de rencontrer l'illumination grâce à la médecine sacrée et de devenir chaman pour accompagner les autres sur ce chemin de lumière qui l'a sauvé. J'ai l'impression d'avoir en face de moi une épouvantable caricature New Age. Une de ses jolies assistantes est occupée à purifier l'espace avec la fumée d'un bouquet de sauge séchée qu'elle a embrasé, et une odeur sucrée et écœurante s'empare de la pièce. J'ai beau recommencer à flipper, je ne vois plus comment m'extirper de ce drôle de guêpier. D'autant que nous sommes appelés à rejoindre nos couches afin que débutent les réjouissances. Et si je n'en sortais pas ? Si je faisais un bad trip ? Mon cerveau est en état d'alerte maximale.

Après les explications d'usage, chacun est invité à se présenter et à énoncer aux autres son intention pour ce rendez-vous avec les esprits de la nature. C'est essentiel. Une sorte de feuille de route pour le voyage. J'ai décidé d'essayer de comprendre pourquoi je me sentais illégitime. De tenter de guérir ce sentiment d'infériorité qui, si souvent, m'étreint quand je suis dans un groupe ou même face aux caméras. Bien sûr, j'ai magnifiquement appris à donner le change. Mais alors, pourquoi ces crises de panique parfois quand la lumière se tourne vers moi ? Pourquoi la sueur qui coule sur mon front alors que pourtant tout va bien ? Pourquoi ce rougissement qui colore mon visage à la moindre confrontation avec l'autre et qui empoisonne ma vie depuis que je suis enfant ? Le simple fait de l'exprimer est déjà comme un soulagement. Je porte cette intention dans mon cœur et elle ne me quittera pas durant toute la cérémonie.

Le silence est à présent la règle. On nous présente l'ayahuasca que Carlos verse avec moult cérémonial dans de petits verres à thé. Le breuvage ressemble à une mélasse épaisse marron avec des reflets verdâtres. Comme j'ai vu les autres le faire, je presse contre mon cœur le verre qu'il me tend, je marmonne une prière et j'avale cul sec le mélange immonde avec l'affreux sentiment que je viens de jouer à la roulette russe. C'est tellement atroce en bouche que j'en ai des haut-le-cœur. Cela me semble même le truc le plus difficile à avaler au monde. Une des assistantes me tend une coupelle remplie de petits quartiers de pomme. Pour faire passer le goût âcre et terreux. Plus moyen de revenir en arrière à présent. Je rejoins mon matelas, m'enveloppe dans une couverture et je ferme les yeux.

Trente minutes viennent de s'écouler et j'entends des râles et des gémissements qui fusent de part et d'autre. J'ai la tête qui tourne. Ma voisine, grande brune rigolote, me regarde l'air interrogateur et nous partons de concert dans un immense fou rire. Le truc irrépressible d'autant que supergênant. On nous demande de faire silence. Trop de résistance, alors on nous propose une deuxième tasse. Tant qu'à faire... Je bois, me recouche, et c'est là que je me retrouve cloué au sol. La pièce commence à prendre des formes bizarres. Brillantes et lumineuses. Je ferme les yeux et c'est un étrange kaléidoscope hypercoloré qui m'apparaît. En mouvement. Des sortes de petites connexions qui forment une étonnante géométrie. Comme si je pénétrais au cœur de mes neurones en train de se recâbler. Carlos et ses musiciens commencent à jouer. La musique s'empare de moi. Elle est comme un amplificateur. Son rythme dicte mon voyage. Un serpent s'approche mais je n'ai pas peur. Il est en moi et fait le tour du propriétaire. Je le sens dans mes jambes, ma tête, mon ventre... Il me nettoie. Je m'assieds et je commence à me sentir vraiment très mal. Tout tourne autour de moi et une immense nausée me pousse vers le seau placé devant ma couche. Je ne suis pas le seul apparemment. Je les entends vomir leurs tripes. Mais moi, je n'y arrive pas, malgré les haut-le-cœur. Alors, je me lève tant bien que mal pour arriver jusqu'aux toilettes les plus proches où je me vide littéralement d'une interminable bouillie noire et puante avec un sentiment de libération absolument inouï.

Retour dans mon petit nid et c'est là que le travail commence. Comme s'il avait fallu décrasser la machine avant de la mettre en marche. Je me retrouve à m'observer. Quelque chose, moi, Dieu, l'Univers, me montre tel que je suis vraiment. Parfois en se moquant gentiment de moi. Revenant avec lucidité sur des expériences de ma vie. En fait, je revis littéralement certaines scènes très anciennes. Avec mes émotions d'enfant observées par mon regard d'adulte. C'est une autre conscience du petit Moi qui s'incarne.

J'ai cinq ou six ans, peut-être même moins. Je vis avec Maman et Bruno, le père de mes deux sœurs, dans la grande maison de la rue du Repos. Celui, éternel, de ceux qui sont de l'autre côté de la rue, derrière l'immense mur qui soutient la terre du vieux cimetière. Un petit sentier monte jusqu'à la demeure toute en longueur, d'abord élégante avec sa véranda XIXe et ses hauts plafonds dans le salon, puis plus campagnarde avec la cuisine un peu à l'ancienne et sa grande table de bois, pour s'achever par une ancienne remise bricolée en salle de bains pour famille nombreuse. De là part le jardin, long et étroit, comme toujours à Bruxelles. Tout au bout se trouve un poulailler et un potager. On est dimanche et mon père vient nous chercher, mon grand frère Nico et moi. Il nous emmène voir le dernier Disney à l'Ambassador. C'est un cinéma du centre-ville, avec des personnages qui accueillent les spectateurs. Mon père, je ne le vois qu'un week-end tous les quinze jours. Et de temps en temps pendant les vacances. Jamais plus. C'est dire si je suis impatient. Surexcité même. Au point de devenir insupportable et de tout gâcher. Papa est furieux. Il me punit et m'oblige à rester à la maison pour me calmer. J'ai beau protester, supplier... Rien n'y fait. Je ressens un tel désespoir qui s'abat sur moi. Je hurle en courant derrière lui alors qu'il descend le petit chemin avec mon frère. Et avant que je n'arrive à sa hauteur, je le vois fermer violemment la petite porte ancienne en fer peint en blanc qui donne sur la rue. Il se retourne, en colère, et exige de moi que je reste là. Alors, je m'accroche aux barreaux en les regardant monter dans la voiture et partir sans moi. Je suis une boule de pleurs, de cris et de morve. Je suis vidé. Anéanti. Abandonné.

Je pleure longuement, profondément, dans les bras de Beth qui m'offre sa douceur maternelle. Elle me réconforte, m'apaise. Elle m'aide à laisser partir cette vieille douleur. Et à nouveau résonne en moi cette voix qui veut me faire comprendre, en m'envoyant tant d'amour et de compréhension, à quel point je suis quelqu'un d'unique et de formidable. Comme nous le sommes tous. Tout d'un coup, je me transforme en lion. J'ai sa force. Sa puissance tranquille. Je suis face à mon animal totem. Je suis lui, plus le petit lionceau fragile que je voyais dans mon reflet. Un sentiment de réparation s'empare de moi. Une paix nouvelle est en train de naître. Je me lève, laissant Beth à ses rêveries, sors dans le jardin et, en emplissant d'air mes poumons d'air frais, je commence à rugir. C'est plus fort que moi. Mon cœur s'expanse et s'emplit d'amour et de gratitude. Je ressens un tel goût pour la vie. D'autres psychonautes en plein trip me sourient d'un air entendu. Dehors, tout est magnifique. Les arbres m'apparaissent comme des gardiens gigantesques qui se détachent en ombres chinoises du ciel illuminé par des milliers d'étoiles. Leurs feuilles bruissent légèrement dans la brise et j'ai l'impression qu'elles chantent pour moi. La Lune me semble vivante. La Terre aussi. C'est Gaïa. Tout est exactement parfait. Je le ressens intimement, profondément. Et moi aussi. Parfait.

IV

Tout a changé. Moi. La façon dont je perçois les autres. La vision qu'ont les autres de moi. Le monde. Comme si les curseurs avaient été modifiés. Lors de cette incroyable soirée avec Beth, j'ai compris que je n'étais pas le seul à souffrir, à porter tant bien que mal mon sac à dos de merde sur les épaules. Que je n'étais pas le nombril du monde. J'ai capté qu'il était temps pour moi d'arrêter de m'apitoyer et d'accueillir l'être fort et lumineux que j'étais. J'ai repris mon pouvoir mais sans agressivité, bien au contraire, avec une forme d'apaisement, de sérénité. Avant, toute remarque venait mettre un peu plus de sel sur de vieilles blessures que je sens à présent en voie de cicatrisation. Tout n'est pas encore parfait, mais désormais je fais mien l'accord toltèque[1] de ne plus rien prendre personnellement. Les remarques, les attaques n'ont plus prise sur moi et sont renvoyées *illico* à l'envoyeur. Avec la bienveillance et la compassion de celui qui est désormais en paix face à quelqu'un qu'il voit souffrir comme il a souffert lui aussi. Mon image me pèse beaucoup moins. Les crises de timidité s'estompent.

---

1 Ndlr. Le deuxième accord toltèque dont parle Don Miguel Ruiz dans son livre *Les quatre accords toltèques.*

Incroyable. Inimaginable. J'apprends enfin à m'aimer. Je commence à comprendre que c'est la clé.

Curieux, j'ai regardé sur Internet ce qui caractérisait ceux qui avaient souffert d'une blessure d'abandon. C'est l'une des cinq blessures de l'âme identifiées par Lise Bourbeau[2], avec le rejet, l'humiliation, la trahison et l'injustice. Et me voilà face à mon portrait. Troublant. Celui du gars qui doit toujours être au centre de l'attention, avide d'approbation, souffrant d'un terrible manque d'estime de soi. Une impression de ne jamais être assez bien qui pousse aux addictions. Un besoin irrépressible et inextinguible d'amour et de soutien d'autrui. Oui, c'est tellement moi. Mais de moins en moins en réalité. Étrange sensation que cette blessure en train d'être nettoyée et pansée juste parce que j'ai pu revivre et enfin apaiser la douleur vécue par ce petit garçon que j'ai été. Serait-ce aussi simple que cela ?

Il ne m'a pas abandonné, mon père. C'est Maman qui s'est tirée avec un autre homme. Prenant ses deux fils avec elle, le privant de pouvoir nous élever. J'avais moins d'un an. Est-il possible d'en souffrir à cet âge ? J'ai toujours été impatient d'aller dormir chez lui avec mon grand frère. C'était comme plonger dans un autre monde. Il habitait l'annexe d'une villa un peu lourdaude installée dans un écrin de verdure comme il en existe encore en périphérie de la ville. C'était avant la gloire et les albums par millions. Nous vivions avec lui durant deux jours dans cette petite maison accolée à la plus grande, haute pièce avec sa chambre en mezzanine qui s'ouvrait sur la nature avec, à l'arrière, une salle de bains minuscule et une cuisine pas plus grande et peu fonctionnelle. À chaque week-end de

---

2 *Les 5 blessures qui empêchent d'être soi-même*, Lise Bourbeau.

retrouvailles, on mangeait des Miracoli, ces pâtes en kit à la sauce lyophilisée qui ont sauvé tant de papas célibataires et dont le goût prompt à traumatiser tout Italien qui se respecte agit encore sur moi comme une madeleine de Proust. Comme ces biscuits qu'il déposait au pied de nos lits improvisés avec des cubes de mousse servant à composer le canapé et avec lesquels nous construisions des cabanes. C'était notre petit déjeuner du dimanche matin. Stratagème du paternel pour profiter d'une grasse matinée avant de nous emmener faire un tour dans sa Coccinelle rouge décapotable. Le soir, au gré de son imagination, il faisait ce qu'il sait faire de mieux, raconter des histoires. Celles d'Achmed, un jeune prince qui parcourait le monde des mille et une nuits sur son tapis volant. Le seul de ses récits dont j'ai été l'unique récipiendaire avec mon frère et dont il me reste une trace émouvante sous la forme d'une cassette audio enregistrée alors que je passais le week-end ailleurs. Il ne fallait louper aucun épisode ! J'espérais aussi les deux numéros du journal *Tintin* qui nous attendaient chez lui. Si fier de lire son nom au-dessus de ses bandes dessinées. D'avoir mon papa dans le journal. Ce sentiment ne m'a jamais quitté. Les circonstances de la vie nous ont permis de nous rapprocher quand ma mère a méchamment glissé sur sa pente alcoolique. Je sais et j'ai toujours su parfaitement tout l'amour qu'il me porte, mais il est d'une génération et d'une éducation qui ne tolèrent pas les grandes effusions. Enfant unique, orphelin de sa maman morte en couches alors qu'il était encore bébé et élevé par un père douloureusement marqué par son passé de résistant pendant la guerre, il a dû très jeune apprendre à ne compter que sur lui-même. Il n'a donc jamais vraiment appris ce que signifiait le mot « famille ». Comme les héros qu'il a fait naître. Homme sans mémoire. Enfant adopté. Ou abandonné...

Beth m'a proposé de remettre ça. Un autre groupe. Un autre chaman. J'ai un peu l'impression d'avoir déjà tout résolu lors de cette première fois, alors j'hésite. C'était loin d'être une partie de plaisir. Une rencontre éprouvante avec moi-même et toutes mes parts, de la plus lumineuse à la plus sombre. Épuisant. Mais quel incroyable sentiment après ! Comme si j'avais marché toute ma vie avec une écharde au pied sans vraiment m'en rendre compte et qu'après une vive souffrance elle avait enfin pu être enlevée. Une sensation nouvelle et tellement belle que je sens pourtant encore fragile. L'impression confuse que la nouvelle structure repose sur des fondations encore branlantes. Durant ces heures en tête-à-tête avec la plante, j'ai ressenti une tristesse immense qui faisait comme un gouffre en moi. Je ne l'ai pas explorée. Trop noire. Trop effrayante. Et si, en préparant le mur que je voulais repeindre, je découvrais plusieurs couches de papier peint ? Et qu'il m'était nécessaire, indispensable, de les décaper les unes après les autres avant de poser la nouvelle couleur...

J'appellerai Beth après l'émission. Il y avait longtemps que je n'avais pas eu une telle confiance en moi, alors, pour l'instant, je n'y pense pas trop. Hier, comme chaque jour, j'ai reçu un message du harceleur qui me pourrit la vie depuis trois ans. Ni une ni deux, je lui ai écrit en retour : « Je sais qui tu es. » Depuis, plus de nouvelles. Je guette mon écran, mais rien. J'avais donc raison. Oui, je le connais. Mais son venin est désormais sans effet. Alors, comme le lion que j'ai découvert en moi, je rugis de plaisir. Intérieurement bien sûr. Mais je suis sûr qu'il m'observe via les caméras et qu'il peut me voir sourire.

V

Ça doit être la dixième fois en deux ans que je vais boire l'ayahuasca. Je suis en Hollande, au nord d'Amsterdam. Ici, la substance est légale si elle est prise dans un cadre religieux. Prem et Angélique, le couple qui organise cette retraite de trois jours, se revendiquent du Santo Daime brésilien qui utilise le breuvage psychédélique comme sacrement. Un mouvement syncrétique où traditions chamaniques et chrétiennes se conjuguent. Il paraît qu'il existe une église à Amsterdam où tous les dimanches les fidèles se réunissent pour boire, prier et chanter. Et le reste. Cela doit être hallucinant, dans tous les sens du terme. Pour ce qui nous concerne, on ne prie rien d'autre que la vie et l'amour comme le traduit si bien ce mantra qu'on lance main dans la main et à l'unisson à l'Univers à la fin de chaque retrouvaille avec la plante :

Love ! Life ! Happiness !
Health in the body,
Peace in the mind,
And love in the heart.

That's what we ask,
For ourselves,
For our loved ones,
And for all of our brothers and sisters.
So, be it !

Les gentils organisateurs nous ont donné rendez-vous dans une grande ferme typique des polders bataves, bois foncé sur les façades, tuiles sur le toit et hautes fenêtres blanches à crémaillères. L'endroit a visiblement été transformé pour accueillir des colonies de vacances. En témoignent les dortoirs à l'étage, les salles de douche communes et le réfectoire où s'active déjà un cuisinier en dreadlocks. Ce sera un repas vegan bien entendu. Le seul que nous prendrons de la journée après le nouveau voyage qui s'annonce. Comme souhaité, nous sommes tous en blanc dans la grande salle de classe transformée en espace de cérémonie. La pièce s'ouvre sur une mezzanine et les grandes fenêtres laissent passer la lumière. Ici, contrairement à la tradition amazonienne, le travail se fait pendant la journée. J'en profite toujours pour sortir et me fondre dans la nature environnante. Tout prend une autre dimension. C'est une autre perception du monde, plus profonde, plus en lien. La perfection m'entoure et je la sens vibrer à l'unisson comme animé par quelque chose qui me dépasse. Devant la maison, il y a une large pelouse bordée d'un petit canal. Et juste après, une ébauche de forêt où j'ai déjà reconnecté avec mon âme d'enfant en y jouant aux cowboys et aux Indiens avec exactement la même innocence et la même pureté que lors de mes six ans. À l'intérieur, des cotonnades indiennes imprimées de mandalas colorés servent de décoration au mur et des bougies sont allumées. Il y a bien sûr les matelas, les seaux... Au milieu de la pièce, entouré de peaux de bêtes et de coussins ethniques, une sorte de petit autel où sont réunis des cristaux de roche et autres talismans. Le lit, c'est l'espace privé. Au centre, c'est un lieu de partage où on peut réconforter l'autre, l'entourer de sa force ou de son amour, consoler ses larmes ou jouer un rôle quelconque dans la résolution du nœud qui l'habite. Le groupe a toute son importance quand il s'agit d'ayahuasca.

J'ai pris goût à cette recherche intérieure, cette confrontation avec des parts enfouies qui me permet de les éclairer et de les transcender. Chaque cérémonie est une épreuve et je n'y viens jamais le sourire aux dents et la fleur au fusil. Mais, à chaque fois, c'est une nouvelle couche de l'oignon que je viens peler et qui m'allège un peu plus. Ce n'est pas pour autant que je conseillerais cette approche à n'importe qui. Il faut vraiment se sentir appelé. C'est violent et loin d'être une partie de plaisir. J'ai vécu des expériences très diverses lors des cérémonies auxquelles j'ai participé. Certaines étonnantes. Dennis, un ancien soliste de l'Orchestre royal d'Amsterdam devenu chaman, m'a servi la médecine sûrement la plus puissante que j'ai pu ingérer. Dennis est un sage. Il est parti des mois seul dans la jungle pour se former auprès des Amérindiens. Il a vécu des *dietas* de plusieurs mois, sortes de moments intenses de purification et de connexion avec les esprits qui ne se jouent qu'entre initiés. Je me souviens lors d'une nuit avec lui avoir eu l'irrépressible envie de hurler sans m'arrêter. Quelle libération ! Épuisante, mais tant de choses sont sorties. Tant de non-dits qui me restaient au travers de la gorge. Puis, il y a eu des moments plus foireux. En mode scoutisme avec des petits jeunes pleins de bonnes intentions, mais pas franchement formés à ce savoir sacré. Des moments de rire et d'extase profonde aussi. Et cette fois où j'ai survolé mon ego, mon énooorme ego. Où je me suis vu, si arrogant, si vaniteux. Méchant trop souvent. Évacué en grande partie, cet ego jamais rassasié. Dans les chiottes.

Aujourd'hui, je sens au plus profond de moi qu'une étape importante va être franchie. Que j'approche de cette fameuse couche que je pressens depuis toujours et que j'appréhende. Ce gouffre sombre qui m'appelle mais me terrifie. Bien sûr, ma vie a changé en tellement mieux. Mais il reste cette lézarde et je suis à présent capable d'y faire face. À souffrir un bon coup pour m'en débarrasser enfin. Pour nettoyer la dernière couche. Prem ressemble à un ange malicieux avec son grand sourire et ses belles boucles blondes. Avec Angélique et leurs enfants, ils forment un tableau presque mystique. Une sorte de représentation christique de la famille. Ils trônent face à nous tous avec les petits qui babillent à leurs pieds. Inouï. Prem était gay avant. Dans la drogue aussi. Son histoire avec Angélique m'interpelle. On commence à bien se connaître, alors on se regarde et on se comprend. Il me tend une dose bien plus grande qu'à l'habitude. Je suis aligné. Je suis prêt.

Je m'enfonce au plus profond de moi. J'ai l'impression que la « grand-mère », comme on l'appelle affectueusement, a enfin décidé de gratter là où se trouve cette noirceur qui m'épouvante. À tel point que je sors de la pièce en titubant à la recherche d'un refuge. Comme si ce que je m'apprêtais à vivre était tellement de l'ordre de la honte la plus intime qu'il ne fallait surtout pas d'observateurs. Complètement sous effet, j'ouvre une porte et je trouve un réduit où s'empilent les chaises de la salle de classe. Je m'enfonce dessous, comment je ne le sais pas vraiment, pour me retrouver pelotonné tout au fond comme pris au piège des pieds en métal et des assises en plastique qui s'accumulent au-dessus de ma tête. Il fait complètement noir. Je suis calé contre le mur, les yeux exorbités. Je ne contrôle plus ma bouche qui me fait mal tant elle force à s'ouvrir. Alors, j'essaie de pousser un cri si désespéré qu'il reste coincé et parfaitement inaudible.

Nous sommes en Dordogne. C'est l'été. J'ai treize ans. Je suis fan de Sophie Marceau et de *La Boum*. J'ai vu le film je ne sais plus combien de fois. J'attends le numéro deux en découpant des photos du tournage dans *OK ! Magazine*. Et pour écouter en boucle « Reality » de Richard Sanderson, Papa m'a offert avant les vacances un des tout premiers Walkman. Celui avec le casque orange. C'est ma grande fierté. Quand j'avais à peine quelques mois, Maman est tombée folle amoureuse de Bruno qui collait mieux à son côté bohème très seventies et elle a refait sa vie avec lui. Ils ont eu deux filles, mes petites sœurs. C'est mon beau-père qui nous éduque mon frère et moi. Entre lui et moi, ça passe par de grosses engueulades. Je n'arrive pas à l'accepter. Parce qu'il n'est pas mon père, ce héros que je connais mal. Je lis ses bandes dessinées à défaut de le voir assez souvent. Je suis tellement fier de lui.

La Dordogne, c'est la vieille ferme avec sa grande grange. Et tout autour des hectares de nature. C'est la liberté. Des amis d'un peu partout. Des enfants, des cousins de tous les âges, qui s'éparpillent entre l'étang boueux et la campagne environnante à la recherche de fossiles. On improvise des pièces de théâtre, on construit des cabanes, on se bagarre dans l'eau. L'ambiance est un peu hippie. C'est une grande communauté, joyeuse et insouciante. En ce moment, les hommes réparent le toit d'une des annexes. Bruno s'est lié d'amitié avec un charpentier, Maurice, personnage détonnant, carrure et nez de boxeur, cheveux longs, rire explosif et jovialité expansive. Un métis, un ancien gamin de la Ddass, dont le charisme séduit tout le monde. À commencer par les femmes. Elles lui rendent visite dans son camping-car garé dans la cour de la ferme le temps des travaux. Nous, les gosses, il nous fascine. On le prend pour King Kong. Il se trimballe toute la journée vêtu seulement d'un petit slip noir, un collier en cuir autour de son cou de taureau. Ça me trouble. On veut tout le temps jouer avec lui. Il nous fait peur et il nous fait rire. Surtout quand au bord de l'étang il se recouvre entièrement d'argile et qu'il nous poursuit comme un monstre sorti des eaux boueuses.

La smala vient de terminer le déjeuner sous la tonnelle. On doit bien être une vingtaine. Petits et grands ont décidé de rejoindre l'étang qui est derrière le petit bois pour s'y rafraîchir et s'adonner à la bronzette. Moi, j'ai les paupières lourdes et une torpeur m'envahit. Ma tante, douce et gentille, me propose de profiter de la fraîcheur de sa chambre pour faire la sieste. Elle ressemble à une grotte avec ses murs en pierres plates empilées. C'est très sombre. Je suis couché sur le dos, dans les vapes. J'entends les cris des enfants s'éloigner. Et puis, c'est le silence. Il n'y a plus personne. Je ferme les yeux.

Maurice est entré. Il se couche à côté de moi sans rien dire. Il sent la bête. Je suis incapable de réagir et je garde les yeux fermés. L'autre jour, j'ai trouvé un *Gai Pied* dans la pile de magazines qui traîne devant la cheminée. Je l'ai chipé et caché dans les bois. Il y a des photos d'hommes nus et je n'avais jamais vu ça. Je vais souvent regarder. Est-ce qu'il l'a vu ? C'est lui qui l'a mis là ? Je suis dans un état de sidération. Comme une poupée inerte. Il est au-dessus de moi à présent. Il porte toujours son slip noir. Ses cuisses encerclent mon visage. Il m'enfonce son gros truc dans la bouche. Bien au fond de la gorge. Il me fait mal. Je veux hurler mais je suis paralysé, la bouche écartelée. Impossible de sortir un seul son tant la douleur et la stupéfaction sont grandes. C'est *Le Cri* de Munch, plus assourdissant encore par son silence.

Comment suis-je arrivé dans la grande salle ? J'ai comme un black-out. Je suis recroquevillé sur mon seau et tout mon corps s'y met pour m'aider à expulser cette ignominie. Le viol de mon innocence. Je gerbe par à-coups une bile noire affreusement acide. La libération m'épuise. Je me souvenais de ce moment où Maurice était entré dans cette chambre, mais j'avais totalement zappé la suite. Comme si je m'étais endormi. Je me rappelais juste ne pas avoir retrouvé mon Walkman et de l'avoir soupçonné de me l'avoir volé. Face à l'insupportable, mon cerveau avait donc remplacé mon enfance par un baladeur.

Je suis ébloui par le soleil quand je franchis la porte du jardin. Il me faut un petit temps d'adaptation. Comme la nature est belle. Comme c'est bon de respirer. Je suis tel un nouveau-né. Avide d'oxygène. D'air pur. D'autres sont couchés dans l'herbe. Chacun dans son monde. Ils me sourient et les oiseaux chantent pour moi. Mes jambes ne me tiennent plus, alors je glisse contre le mur et je m'assieds par terre avec un sourire à décrocher les étoiles. Et je m'entends gueuler comme pour saluer celui que je suis : un survivant. Un putain de survivant. UN SURVIVANT !

VI

Six mois se sont écoulés depuis ma vision. Elle continue à me questionner. Zoé nous a rassemblés chez elle pour la Noël. Cette famille foutraque et dysfonctionnelle, plus décomposée que recomposée et qu'elle a choisi de guérir. Elle est psy, ma sœur. Jolie maman blonde avec de faux airs de Kate Moss. Je ne la connaissais pas vraiment. Dix ans nous séparent et elle avait six ans à peine quand je me suis enfui de la maison pour ne pas me laisser engloutir par la folie alcoolique de notre mère. Zoé, elle, n'a pas eu le choix. Elle est restée et a tout pris dans la gueule. Mais sa maternité a changé la donne. Elle apprend la résilience et le pouvoir du pardon. Elle a voulu mettre de gros pansements sur notre fratrie et elle n'a pas trop mal réussi. J'apprends à aimer ma petite sœur. Elle me ressemble en fait. Elle est solaire, mais sous le vernis transparaît l'écorchure qui apporte cette fragilité éminemment touchante au personnage.

Nous sommes réunis dans la grande salle à manger, au centre de ces trois pièces en enfilade typiques des maisons bruxelloises. Les plafonds sont hauts, le mobilier vintage et un sapin clignote dans la pièce du fond près de la cheminée où quelques braisent s'étiolent. La bûche largement entamée fond lentement au centre de la table décorée pour la circonstance. Les enfants jouent dans les chambres en haut. Il n'y a plus que

Maman et ses quatre rejetons. Mon grand frère Nico, qui a voulu sauver ce qu'il restait de cette famille en s'oubliant peut-être un peu au passage, Julie, qui sauve vraiment des gens, les réfugiés dont elle s'occupe, comme pour exorciser son enfance, Zoé, sauveuse des âmes tourmentées, et moi.

Je l'aime, ma maman. D'un amour excessif. Limite incestueux. J'ai toujours été son chouchou, elle ne l'a jamais caché, collé à ses jupes, amoureux de sa beauté, elle ne faisant rien pour rejeter son petit Œdipe. Aujourd'hui, c'est mon héroïne fracassée. Une femme-enfant qui a mal vieilli, l'esprit et le corps amochés par ses addictions, incapable de se gérer en solo, dépressive et tristement aigrie malgré l'humour féroce qu'elle manie toujours avec brio. Elle qui était sublime, joyeuse et lumineuse s'est éteinte d'un manque d'amour après son deuxième divorce. Je ne l'idéalise plus, je l'accepte comme elle est, avec ses blessures béantes impossibles à suturer. Avec sa beauté, mais aussi ses imperfections. Immenses. Elle aussi a eu son parcours de vie, ses blessures d'enfance, ses conflits non résolus. Elle a fait comme elle a pu avec les moyens qu'elle avait. Je dois le comprendre. C'est la clé pour grandir. Et apprendre à aimer vraiment. Sans conditions.

C'est une fois adulte que j'ai compris que ma mère était un peu dingue. Pas folle à interner, même si elle a fait quelques séjours en psychiatrie pour tenter de soigner son alcoolisme. Plutôt une sorte d'inconscience évanescente qui s'est aggravée à la suite d'une rupture d'anévrisme dont elle a réchappé. Elle vivait dans un rêve en phase avec son époque et nous étions ses faire-valoir, petites gravures de mode si mignonnes qui cicatrisaient ses failles narcissiques. J'en ai gardé ce besoin impératif de plaire et de séduire. Et trouvé le job idéal pour y parvenir. Petit, elle me laissait enfiler la robe de princesse qu'elle avait glissée dans la malle à déguisement sous prétexte d'une éducation progressiste inspirée par les magazines dont elle se gavait à l'époque, *Marie-Claire* ou *Nouvel Obs*. J'avais tant de plaisir à virevolter tout de rose vêtu chez le boulanger qui me gratifiait d'un « Mademoiselle » que mes longs cheveux blonds coupés au bol achevaient d'imposer. Maman semblait satisfaite du subterfuge, alors pourquoi pas moi. J'étais sa poupée. Je le suis resté.

Tout se passait bien, bonheur partagé d'enfin nous retrouver, alors pourquoi parle-t-on de la Dordogne ? Maman savait-elle ce que cachait son paradis hippie ? Ce qu'il s'y passait ? Plus je l'entends parler, plus la nausée m'envahit. Je commence à me sentir mal. Je me plie en deux. J'ai des spasmes, je vais vomir. La madre Aya a décidé de revenir me faire un petit coucou au pire moment, comme ça sans prévenir. Ou peut-être que c'est voulu. La crise s'accentue au fur et à mesure que ma mère continue à déblatérer. Elle me regarde, presque offensée. Il faut que ça sorte. Il faut que je lui dise. Des mots viennent entre deux hoquets. Viol. Maurice. Mais elle ne comprend pas. Ne veut pas entendre. Je dois arrêter la drogue. Je vais mal finir.

Et si elle avait raison ? Si tout cela n'était que le fruit de mon imagination sous l'effet des psychédéliques ? Mille fois je me le suis demandé. Bien sûr. Comment aurais-je pu oublier une chose pareille ? Amnésie traumatique ? Parce que tout concorde. Ce moment où Maurice se couche à côté de moi dans le lit est clairement imprimé dans ma mémoire. C'est la suite qui vient seulement d'être éclairée et qui donne sens. À ces parts sombres de ma sexualité vers lesquelles je me laissais glisser sans enthousiasme mais comme hypnotisé et dont je ne comprenais pas l'origine. Ce besoin, parfois, de me transformer en objet et de me laisser abuser. Ce désir d'humiliation imprimé dans ma chair qui me poussait dans des situations glauques et dangereuses. Cette soupape de non-être où je devenais comme observateur de ma déchéance. Dire que je m'étais trompé de coupable. Ce non-amour de moi qui a tant assombri ma vie, je n'en étais pas le responsable.

Pourquoi ne veut-elle pas m'offrir au moins le bénéfice du doute ? Elle n'a rien vu, rien entendu. Mais surtout ne veut pas voir. Pourtant, l'abus, elle l'a subi elle aussi, auprès d'un père qui a dépassé certaines limites. Comme une malédiction familiale. Avec les conséquences tragiques et addictives qui l'ont accompagnée toute sa vie. Je veux briser ce cycle de honte, de mensonge et d'ignominie. Et je sais que cela ne passera que par le pardon. Pour lui. Pour elle. Et surtout pour le petit bonhomme que j'étais et qui n'a pas su réagir. En faisant cela, je sais que je me libérerai de la colère, de la culpabilité et de la honte qui se distillent en moi comme du poison. Zoé me prend dans ses bras. Elle me croit. Elle sait. Elle me console. Je l'aime tellement. Elle est comme un petit lutin avec son nez retroussé et ses petites fossettes sur les joues. Je caresse ses longs cheveux blond foncé. Mais, obnubilé par ma douleur, j'en oublie qu'elle aussi est une enfant brisée.

VII

Cela fait trois ans que j'ai rencontré Beth dans cet avion. Ou plutôt que l'ancienne version de moi a rencontré cet ange venu à sa rescousse. Quelle transformation depuis ! Mieux je vais, moins l'ayahuasca m'appelle. J'arrive au bout du processus. Ce week-end que je viens de passer en Hollande sera sans doute mon dernier tant il fut lumineux, preuve qu'il n'y a plus grand-chose à nettoyer. Quoique. Quelque chose d'inouï s'est produit à la toute fin de la cérémonie : la musique aux accents chamaniques, tambours et incantations, m'entraîne à danser autour du petit autel avec ses minéraux de toutes les couleurs et les petites amulettes en guise de grigris. Une fille est roulée en boule sur les coussins colorés, presque en extase. Tout est plus brillant, plus lumineux. Je suis cette lumière, cette musique. Je souris, je suis heureux. Je regarde en direction d'Angela et je vois qu'elle me sourit aussi, avec un air tellement maternel. Angela ressemble à la mama black *d'Autant en emporte le vent*, un côté sorcière vaudou en plus. C'est une des assistantes de Prem et Angélique. Elle dégage une énergie puissante enveloppée dans sa grande tunique blanche. Elle se lève et s'approche de moi avec le regard qui m'interroge. Elle est douce mais entreprenante. Je peux ? Je n'ai pas le temps de faire oui de la tête qu'elle pousse son bassin contre mon sexe. Et là... C'est comme une bombe de lumière qui explose en moi depuis mon périnée. Le chakra sacré. La sexualité. Elle a débloqué quelque chose. C'est incroyablement régénérant, mais si fort que je m'écroule sur les coussins posés à terre. Je la regarde, questionnant. Rictus de contentement et sourcil levé, Angela me prend dans ses bras et me presse contre ses seins énormes. C'est si bon ce retour à la mère comme un retour à la source. Je redeviens lion. Un truc très bestial, primaire. À la fois régressif et animal. Je quitte Angela et, de retour au jardin, je me sens me gonfler d'une masculinité oubliée. Pas une virilité toxique. Quelque chose de profondément ancré dans mon ADN qui aurait été comme réprimé. Et voilà Jen et son merveilleux sourire à manger la vie qui s'approche de moi. C'est une complice d'ayahuasca. Un ancien mannequin, sublime liane brune aux seins merveilleux. Les seins, en fait il n'y a plus que cela qui m'intéresse. Elle m'invite dans sa couche, me laisse la caresser et je suis comme un enfant qui découvre le monde. Je me surprends à aimer cette différence de nos corps dans l'unité. Sa féminité exhale ma masculinité qui se redéfinit. C'est tellement nouveau, tellement réprimé que mes larmes coulent. C'est comme si j'étais en train de mettre au jour une part de moi qui n'avait jamais voulu éclore.

J'ai toujours aimé les garçons. Seulement les garçons. C'est du moins ce que je pensais. J'avais seize ans quand j'ai rencontré mon premier grand amour. C'était dans la forêt, juste à côté de l'école. Les petites allées et surtout les bosquets touffus qui les bordaient étaient le terrain de jeu discret d'hommes en tout genre à la recherche de rencontres avec d'autres hommes partageant les mêmes accointances. Le Grindr de l'époque. Cléo avait dix-huit ans de plus que moi.

Il rayonnait dans sa trentaine de bel homme grec, toujours impeccable et à la dernière mode, cheveux noirs épais et gominés, teint hâlé Terracotta de Guerlain et regard profond encerclé d'or Cartier. À l'époque, je trouvais cela du plus grand chic. Cléo s'appelait en réalité Cléanthe, mais il aimait ce diminutif emprunté au poisson rouge du *Pinocchio* de Walt Disney. Plutôt poissonne que poisson d'ailleurs. J'étais fou amoureux de lui. Clairement, je n'étais pas du tout son genre, mais il avait été touché par ma candeur de jeune garçon de bonne famille et m'avait adopté comme un grand frère. Il a voulu me guider, me chaperonner. Il menait grand train et vivait de menus trafics dont je préférais ne pas me mêler mais dont l'idée me fascinait. Quand je pouvais m'échapper de la maison, il m'emmenait à Paris, me faisait découvrir le milieu, me présentait à d'autres garçons. Toujours bienveillant et respectueux, une sorte de parrain en homosexualité.

Mais la tragédie a rapidement remplacé les rires et la légèreté de ces premiers émois. Tout a basculé du jour au lendemain. L'ombre de la mort a débarqué. Le Sida, qui commençait seulement à faire des ravages outre-Atlantique, a fait irruption dans nos vies. Cléo avait passé des tests un peu par hasard et la condamnation est tombée. Implacable. Il y a d'abord eu la sidération, puis les pleurs et la désolation. Ce n'était plus pour lui qu'une question de mois à vivre dans la peur et la honte. Et moi ? Mon père, alerté par des amis bien informés, m'obligea évidemment à me faire examiner. Drôle de façon d'apprendre l'homosexualité de son fils. Mais la mort n'a pas voulu de moi. Quelque chose m'a protégé, sans doute l'innocence du peu d'ébats que nous avions partagés. Alors, Cléo a préféré sortir de ma vie. J'étais trop jeune pour affronter sa déchéance promise.

Il voulait se cacher. Mourir seul. Il ne voulait contaminer personne. Que pouvais-je faire ? J'avais dix-sept ans et j'allais encore à l'école. C'est un neveu éloigné qui m'a annoncé sa fin si solitaire à peine un an plus tard. J'avais perdu mon premier amour en même temps que mon insouciance. Je faisais face pour la toute première fois à tout ce que la vie peut comporter d'injuste.

Jean est arrivé bien plus tard dans ma vie. J'ai eu d'autres passions, certaines très belles, mais avec lui ce fut un vrai coup de foudre. Comme dans les films. Nous avions la trentaine. Je commençais à être connu, mais il n'en savait rien puisqu'il vivait à Londres à l'époque. Nous nous sommes vus chez un ami commun et nous nous sommes tout de suite reconnus. C'était comme une évidence. Je le trouvais si beau, si grand, si fort. J'ai toujours une photo jaunie prise ce soir-là. On me voit le dévorer d'un regard qui ne laisse aucun doute. C'était il y a presque vingt ans. Et cela ne s'est jamais tari. J'ai tout de suite aimé sa bonté et sa simplicité. Tout de suite il a été mon pilier, mon roc... Mais aujourd'hui ?

Les rideaux de la chambre sont mal fermés et un rayon de lune éclaire son beau visage endormi. J'adore les boucles de ses cheveux noirs, sa barbe grisonnante et son regard de gentil. Un géant. Une belle âme, un cœur pur. Son amour est immense. Il lui en a fallu pour supporter mon égocentrisme, mes crises d'enfant gâté, mes *ups and downs* émotionnels, ce manque d'assurance. Il est un des rares à connaître les failles abyssales et les parts sombres du gendre idéal. Il est mon protecteur. Il me rassure, m'encourage, même s'il ne me comprend pas toujours. Il a fermé les yeux sur tellement de choses qu'heureusement il n'a pas vues. Mais se rend-il compte à quel point j'ai changé ? À quel point l'équilibre de notre couple est en train de vaciller ? Mon homme se retourne dans le lit et vient se blottir contre moi. J'aime sa chaleur apaisante qui irradie sur mon dos et son souffle qui caresse ma nuque. Je sens son amour infini et je me demande si je le mérite vraiment.

VIII

« On s'est bien retrouvés nous deux. » Je n'oublierai jamais les derniers mots qu'elle m'adresse. Je n'oublierai jamais ses grands yeux qui me sourient sur son lit d'agonie dans cette chambre des soins intensifs au sous-sol de l'hôpital. Ces tuyaux qui lui sortent de la tête et tous ces appareils qui la maintiennent en vie et d'où s'échappent des bips à cadence régulière. Rupture d'anévrisme. Comme Maman avant elle. Pas encore tout à fait sauvée, Zoé se bat comme la louve qu'elle est, mais il y a des complications. Elle parle mais son discours devient de plus en plus incompréhensible. S'en rend-elle compte ? Petit à petit elle s'en va. Loin, de plus en plus loin. Et elle tombe finalement dans le coma.

Alors, il n'y a plus que cela qui a de l'importance dans nos vies. Nous nous succédons à son chevet et, dès que je le peux, j'oublie le printemps qui se déploie au-dehors et je m'enfonce sous terre pour être au plus près d'elle. Ma sœur, mon double. La plus proche de moi dans la fratrie, même si je ne m'en suis rendu compte que trop tard. Elle est mon miroir au féminin. Six chambres sans fenêtres sont reliées à une sorte de sas central où s'activent médecins et infirmières. Six antichambres de la mort où le fil si ténu de la vie peut se rompre à tout instant. Pour ne pas penser, ne plus entendre le bruit infernal des machines de survie, je lui lis des livres, croyant désespérément qu'elle m'entend encore. Je me cramponne aux mots des professeurs qui nous parlent comme des garagistes en prise avec une voiture cassée. Comment leur en vouloir de se prémunir d'un excès d'empathie ? Et puis, après de trop nombreux jours à voir l'état de Zoé se dégrader inexorablement, c'est la douche glacée. Il n'y a plus rien à faire. Le médecin chef s'approche de moi – pourquoi moi ? est-ce ma notoriété qui lui a fait penser que j'étais le chef de famille ? – et m'annonce la mort cérébrale de ma petite fée. Elle respire encore mais techniquement elle est morte. Morte. Techniquement. Il me demande de lui donner le feu vert pour qu'on la débranche et qu'on la laisse partir. Quoi ? C'est à moi de décider ? Mais moi je ne suis pas prêt. Je ne veux pas entendre ce qu'il me dit. Je me tords de douleur pendant qu'il me parle. J'arrive à peine à articuler. J'ai dit oui ? Je ne sais plus.

Je m'effondre et je me recroqueville contre le mur de ce couloir lugubre qui fait face à l'unité. Pas très loin de moi, il y a Math, le compagnon de Zoé, qui d'un seul coup perd sa compagne, l'amour de sa vie, mais aussi les deux petites filles qu'il a vues grandir mais qui ne sont pas les siennes. Nous sommes côte à côte mais tellement seuls dans notre infinie douleur. Tout tourne autour de moi. J'ai l'impression d'être dans un cauchemar, que tout cela n'est pas réel. Et pourtant. Une plainte lugubre émerge du plus profond de mes entrailles. Un gémissement long et animal. Irrépressible. Une infirmière vient m'apporter un verre d'eau et tente de me réconforter. Tout mon corps tremble et ma vue est embuée par un océan de larmes. Pour elle, je n'ai que ces mots entrecoupés de terribles sanglots : « C'était ma petite sœur ! C'est moi son grand frère. C'était à moi de la protéger et je n'ai pas pu ! »

Nico, Julie, Math et moi sommes réunis autour de cette magnifique jeune femme au cerveau fracassé par l'accident cérébral. Quatre fantômes en état de sidération totale. Maman est là aussi. On ne lui a pas dit, mais Zoé a refusé qu'elle vienne à son chevet tant qu'elle était consciente. Elle ne la supportait plus. Les deux petites sont pour l'instant tenues à l'écart de l'épouvantable drame qui se joue. Elles ne savent pas encore qu'elles sont aujourd'hui orphelines. Trop jeunes, trop fragiles. Mais je ne pense qu'à elles. À ce qu'il va falloir leur annoncer et comment le leur dire. À cette innommable balafre qu'elles porteront désormais. Tous les cinq nous nous donnons la main sans trop comprendre vraiment ce qu'il nous arrive, alors qu'un infirmier s'affaire à éteindre les appareils qui gardent encore en vie ma petite sœur pour la laisser passer de l'autre côté du miroir. Même si elle y est déjà en réalité. Nous lui parlons en chœur, lui disons tout notre amour et notre gratitude alors que son visage prend peu à peu la couleur de la mort. On la caresse, on l'embrasse, on l'encourage. Les pleurs se mêlent aux cris. C'est irréel. Insupportable. Insurmontable.

Zoé est morte. Officiellement. C'est fini. Terminé. Je suis sorti pour tenter d'inspirer un peu d'air frais et de nicotine, mais j'ai une enclume à la place des poumons. Je suis dans un état second. Le soleil puissant de cette fin du mois de mai me fait cligner des yeux. Quel drôle de jour pour mourir. Il ne devrait pas pleuvoir ? Je suis comme suspendu, en dehors du temps. Tout autour de moi, les gens vont et viennent comme s'il ne s'était rien passé, mais leurs contours sont flous et leurs voix étouffées. J'ai envie de leur hurler d'arrêter. Qu'il vient de se passer quelque chose d'intolérable. Mais le monde continue sa course comme si de rien n'était. Imperturbable et cruel.

Pour la deuxième fois, je fais face à la mort dans tout ce qu'elle peut comporter d'injuste. Et mon regard sur la vie s'en trouve complètement bouleversé. Zoé avait trente-neuf ans. Deux petites de neuf et onze ans. Elle restera éternellement jeune et belle. Je n'ai pas voulu voir la souffrance qui l'habitait et qui l'a rongée. Cette enfance tourmentée par la folie maternelle qu'elle n'arrivait pas totalement à cicatriser. Ces soupapes qu'elle ouvrait grand pour lâcher l'insupportable pression. De plus en plus fort. De plus en plus excessif. Mais qui pouvait prévoir ? Serait-il temps que je grandisse ? Que je regarde un peu plus loin que mon nombril ? Qu'as-tu à me dire, Zoé ?

IX

Zoé n'est plus depuis quarante jours. Pour les bouddhistes, c'est le moment où l'âme du défunt prend son envol pour l'au-delà. Mais ça, je ne le sais pas encore. Pourtant, j'ai ce sentiment diffus qu'elle n'est jamais très loin. J'ai voulu réunir ses plus proches dans cette maison de la mer qui est notre refuge à Jean et moi. Une vraie maison de famille sur la côte belge. Un incontournable. Ici, il y a le bon air du large, la lumière des ciels flamands si bas et une part de notre enfance. Les croquettes aux crevettes, les gaufres de chez Siska et les cuistax sur la digue. Zoé adorait cette grande bâtisse blanche avec ses châssis noirs, le feu ouvert et la large table qui accueille au jardin les petits déjeuners à rallonges. La maison et tout ce qu'elle a toujours représenté : la réunion, les retrouvailles. J'ai donc décidé de lui faire honneur. Bien sûr, Maman est là. Elle ne sait toujours pas que sa fille a refusé de la voir avant de mourir. On ne le lui dira pas. Pour quoi faire ? Elle souffre pourtant. À sa manière, mais elle souffre. Comment faire autrement face à l'incongruité de perdre son enfant ? Il y a Math aussi. Et les filles. Un moment rien que pour nous et notre peine. Un rendez-vous qui va rapidement se révéler extraordinaire à plus d'un titre.

Les deux cigognes qui ont pris leurs quartiers dans un champ juste à côté de la maison nous observent, perchées sur les lampadaires de la rue. Avec le temps, elles sont un peu devenues nos protectrices. Mais aujourd'hui, pour la toute première fois, elles descendent de leur perchoir et s'approchent des enfants qui ont accouru vers elles et qui en profitent pour les nourrir. La scène est magnifique, un peu irréelle. Cela n'est encore jamais arrivé. Les deux grands oiseaux blancs adorent les tranches de gouda que les petites leur tendent, un sourire jusqu'aux oreilles. Ils font un drôle de bruit de claquettes avec leur long bec orange. C'est un moment hors du temps, tellement joyeux et lumineux malgré notre tristesse à tous. Pris par la beauté de l'instant, je ne comprends pas tout de suite le symbole. La synchronicité. Mais d'un seul coup cela devient clair. Deux cigognes. Deux enfants. L'oiseau synonyme de l'amour maternel comme un messager. C'est Zoé. Elle nous fait un signe. Elle est là, pas très loin. Juste derrière ce voile invisible que je ne soupçonnais même pas et qui vient de se déchirer sous mes yeux. C'est une évidence. Et si la mort ne signifiait pas le néant ? La découverte de cette possible autre réalité éveille en moi de nouvelles perceptions que je suis désormais prêt à accueillir. Croire en cette possibilité m'apporte un réconfort dont j'ai tant besoin.

Assis près de moi, Snap semble très intéressé par cette scène un peu en dehors de la réalité. Ce chien pas comme les autres est entré dans ma vie à peine deux mois avant la mort de Zoé. Comme si c'était écrit, j'en prends conscience aujourd'hui. J'apprenais de plus en plus à écouter mon cœur. Il me dictait ce compagnonnage. Un chien qui viendrait d'un refuge, la question ne se posait pas. J'en avais déjà visité cinq pour trouver ce frère qui m'attendait. Je ne le désirais pas particulièrement beau ou racé, je le voulais particulier. J'attendais la connexion.

Le moment spécial entre lui et moi. La rencontre a eu lieu à Charleroi. Il est d'ailleurs noir et blanc comme les maillots zébrés des footballeurs du cru. Il venait d'arriver à la SPA. Trouvé dans la rue. Un petit bonhomme apeuré d'environ deux ans dont on ne savait rien et qui, quand il m'a regardé en frottant sa tête contre les barreaux de sa cage, a déclenché chez moi une évidence en moins d'une seconde. Nous venions de nous trouver. Le deal était conclu. Je le sauvais et il me sauverait deux mois après par sa présence guérisseuse en pleine fracture de ma vie. C'était prévu d'avance, j'en suis désormais persuadé. Je l'ai baptisé Snap parce que je trouvais Jean un peu trop absorbé par Snapchat. J'ai donc accueilli un Snapchien. Facile. Mais ça claque bien. Je n'ai pas eu l'impression de le découvrir. Entre lui et moi ce fut un peu comme d'étranges retrouvailles. Dès les premiers instants, il n'a plus voulu autre chose que me plaire, avec intelligence, douceur et affection. Entre nous un regard a tout de suite suffi. Il a une petite tête de Jack Russell, ébène coupée d'un éclair blanc, des yeux noirs et un torse à la mesure d'un American Staff, et le pelage blanc tacheté du dalmatien. Avec le dessin d'un grand papillon qui lui barre le flanc droit et qui se transforme en un énorme cœur quand il se roule en boule près de moi. Magique. Réconfortant. Comme un message qui me serait adressé.

Un papillon qui décide de se rappeler à moi quelques mois plus tard, le jour de mes cinquante ans. Je suis dans la jungle du Costa Rica avec Jean. J'ai voulu marquer le coup, tenter d'adoucir la plaie à vif qui éteint mon regard depuis quelques mois en nous offrant ce séjour de rêve que je n'arrive pourtant à apprécier qu'à moitié. La mort de Zoé m'a fait basculer dans un abîme dont je ne vois pas le fond. Nous avons embarqué dans de gros canots pneumatiques pour descendre des gorges époustouflantes qui ont servi de cadre au film *Jurassic Park*. Et c'est un vrai décor de cinéma. Nous sommes encerclés d'immenses pitons rocheux envahis par une végétation luxuriante et une faune bruyante. Des singes hurlent au loin, tandis que j'aperçois sur une branche un toucan jaune et noir avec son étrange et immense bec vert fluo et orange. L'eau est tourmentée mais les rameurs savent comment manœuvrer dans les courants. Les cris des milliers d'oiseaux qui nous entourent se mêlent au grondement du torrent dans un vacarme aussi vibrant qu'assourdissant. Au loin, une cascade. Et des papillons, par centaines, qui volent le long de la rivière. Alors que nous tanguons dans notre embarcation, l'un d'eux s'approche de moi. C'est un morpho. Le soleil fait rebondir ses rayons sur le bleu métallique de ses ailes immenses. Il me tourne autour tandis que nous suivons le courant. Il m'effleure, vient se cogner à mon épaule. Un magnifique ballet qui dure au moins vingt minutes, alors que nous nous déplaçons de plus en plus rapidement à mesure que les eaux gagnent en force. Et moi je pleure. Encore. Comme une soupape qui libère un trop-plein contenu si longtemps. Je pleure ma jeunesse qui s'en va aussi vite que mes illusions. Je pleure ma petite sœur qui n'est plus et pourtant toujours à mes côtés. Un papillon au bout du monde. Je comprends qu'elle va m'accompagner sur le nouveau chemin de vie que je veux désormais me construire, et je sens alors mon cœur s'emplir de cet amour si vibrant qu'elle m'envoie en ce jour d'anniversaire.

X

Caméras et projecteurs sont braqués sur mon visage, alors que je m'active derrière le comptoir d'une cuisine design dont les chromes scintillent dans la lumière artificielle. Devant moi sont disposés les ingrédients d'une recette à composer pour les téléspectateurs. Et à mes côtés, une jeune blogueuse spécialiste d'une cuisine saine et naturelle qui s'affaire à la préparation d'un gâteau fait maison sans sucre et sans gluten. Le genre d'ersatz culinaire immangeable dans la vraie vie mais très vendeur à l'écran. Alors qu'on tourne, je lui souris du mieux que je peux, pose les questions d'usage avec un regard en coin très professionnel, met la main à la pâte comme on me le demande. Je joue au candide, au maladroit de service. Je fais le pitre pour faire rire mon interlocutrice et la mettre en valeur. Tout cela, je sais si bien l'interpréter. Depuis le temps, cela ne me demande même plus d'effort. Un vrai petit singe savant. J'ai à peine lu le briefing que la production a préparé pour moi. Pas nécessaire. Beaucoup trop facile. C'est mon troisième enregistrement cette semaine et je suis cette fois encore en pilotage automatique. Un robot. J'ai l'étrange sensation de planer au-dessus de la scène, d'être en train de m'observer animer cette émission sans réellement incarner ce personnage qui semble avoir une vie propre. Je suis détaché. Anesthésié. C'est assez désagréable, mais il n'y a que moi qui m'en rends compte. Sur le plateau tout se déroule parfaitement et, à l'image, on n'y verra que du feu. En revanche, dans ma tête et dans mon cœur, c'est une tout autre histoire. Si à l'extérieur tout semble parfait, à l'intérieur je suis brisé en mille morceaux.

Voilà six mois que Zoé est morte et je n'arrive toujours pas à retrouver l'envie qui m'a quitté depuis. L'enthousiasme, qui était ma marque de fabrique, m'a abandonné. Même les équipes s'en aperçoivent quand elles me voient arriver sur le plateau, la mine désabusée et l'air renfrogné. Je n'ai qu'une hâte, qu'on en finisse au plus vite pour pouvoir replonger dans l'immense mélancolie qui s'est emparée de moi. Pulsion masochiste qui me pousse inexorablement vers ce cocon de tristesse ouatée, comme si cette douleur sourde était la seule chose qui me permettait de me sentir encore vivant. Depuis que ma petite sœur s'en est allée, mes certitudes ont volé en éclats. Tout ce que j'ai construit me semble aujourd'hui si dérisoire face à l'impermanence cruelle de la vie. À quoi bon bâtir sans relâches alors que tout peut être balayé en une seconde ? Sentiment de vide auquel s'ajoute une désagréable sensation de tourner en rond, de faire et refaire toujours les mêmes émissions. Car en réalité, il n'y a que le décor et les intervenants qui changent. Quand on a trouvé une formule qui fonctionne, pourquoi en changer ? La télévision est un éternel recommencement. Jusqu'à présent, je m'en satisfaisais très bien sans trop me poser de questions. Mais désormais, plus grand-chose ne fait sens. Je ne crois plus en rien, à commencer par moi.

Je viens aussi de passer le cap du demi-siècle. Comme pour ajouter encore plus de confusion et de questionnements à cette méchante passe qui ébranle tous mes fondamentaux. Mes interrogations deviennent existentielles. J'en suis à ce moment de la vie où on en vient à faire un premier bilan, à regarder le chemin parcouru et à se demander après coup si la route empruntée ne mérite pas un détour pour autre chose. Une sorte de croisée des chemins avec un brûlant sentiment d'urgence. La sensation du maintenant ou jamais sinon il sera trop tard. Et s'il était effectivement temps de passer la main et d'élargir mon horizon ? Je deviens peut-être un peu vieux pour jouer encore et encore au gendre idéal de mes débuts... La question traverse une nouvelle fois mon esprit, alors que j'enfourne le gâteau sans saveur que nous venons d'achever dans une bonne humeur feinte avant de lancer le reportage qui suit avec la bonhommie qui me caractérise. Comme je sais si bien le faire. Depuis peut-être un peu trop longtemps maintenant.

XI

L'ascenseur vitré finit sa course le long du patio central avant de s'ouvrir sur le dernier étage du grand bâtiment en verre qui abrite la chaîne. Tout au fond, c'est la direction. L'ambiance est feutrée. Bureaux vitrés et ouverts, moquette grise peut-être un peu plus épaisse qu'aux étages en dessous, plantes vertes et, toujours, les photos des stars de l'antenne sur les murs. Cela fera exactement cinq ans que j'ai entamé le voyage le plus important de ma vie. Ce périple qui est en train de tout faire vaciller. Et l'étape d'aujourd'hui sera décisive. Je suis déterminé, l'air calme et posé, et pourtant complètement chamboulé au fond de moi. J'inspire un grand coup afin de reprendre mes esprits, alors que j'approche du bureau où l'on m'attend.

J'ai rendez-vous avec le big boss. C'est moi qui l'ai sollicité. Et ce que je m'apprête à lui demander va, je le sais, m'ouvrir une nouvelle perspective que je souhaite et qui à la fois me tétanise. J'ai dit adieu à Zoé il y a un an maintenant et je sens de plus en plus profondément que quelque chose ne va plus dans ma vie. Mon cœur me hurle d'arrêter ce que j'ai mis trente ans à construire, avec tellement de passion et de détermination. Que ce n'est pas ce que je voulais en réalité, du moins pas le souhait de mon cœur. Que je n'en ai plus besoin.

Ce à quoi ma tête lui répond que je serais bien fou de lâcher ces choses si précieuses que j'ai réussi à gagner à la force du poignet : une carrière, une grande notoriété, tant de facilités et beaucoup d'argent. Pourquoi abandonner ce que tout le monde semble rêver d'avoir pour un futur pour le moins incertain ? C'est très bien de vouloir arrêter ce grand cirque, mais je ne sais pas du tout ce que je pourrais faire d'autre.

Depuis trente ans, j'ai fait d'une partie de ma vie un spectacle. Pour attirer le regard, je me suis exposé. J'ai parlé de mes joies, mais aussi de mes douleurs. J'ai posé avec l'homme que j'aime et laissé voir une part de mon intimité. Toujours plus, jamais assez. Parfois jusqu'à l'overdose. Mais aujourd'hui j'ai compris que ce n'était que la conséquence de l'enfant abandonnique que j'étais. Cette quête affective incessante, cette incapacité à accueillir convenablement les bravos et cette douloureuse déchirure narcissique qui se réveille à la moindre critique. Ce besoin presque maladif d'être en permanence rassuré. Comment n'ai-je pas compris plus tôt que la solution n'était pas à l'extérieur mais à l'intérieur de moi ? Que les applaudissements attisaient chaque jour un peu plus les braises de ma douleur plutôt que de les éteindre. Nombreux sont devenus fous à courir après la gloire. Tout cela parce que j'attendais mon père. Idiotie. Je me rends compte que durant toute ma carrière j'ai sollicité des centaines de milliers de personnes, alors qu'il n'y avait que ses applaudissements que j'espérais. J'y ai très bien réussi. Mais pour cela je me suis enfermé volontairement dans la cage dorée de la célébrité. Je suis devenu un personnage qui ne s'appartient plus. J'ai besoin de renouer avec celui que je suis vraiment, une authenticité de mon être que je n'arrive pourtant pas encore à définir vraiment.

J'ai aussi l'impression que l'Univers essaie de me faire comprendre quelque chose en ce moment. Je pars en Guyane pour filmer le lancement de la fusée Ariane et elle décide de ne pas décoller à une minute du décompte final. En tournage dans les Alpes, je me retrouve dans une station coupée du monde par une terrible tempête de neige. Je teste un waveboard face à la caméra, chute en arrière et je me fracasse le bassin. Et puis, cette gastro en plein tournage avec Annie Cordy. Ou ce furoncle qui me pousse sur le nez un jour avant d'interviewer Patrick Bruel... Arrête ! Arrête ! De toute façon, les belles années sont derrière moi. L'heure est à la réduction des coûts, merci YouTube et Netflix. Et plus que tout, j'en ai marre. Alors basta ! J'arrête !

Philippe, mon patron, m'attend, curieux, dans son bureau. Murs recouverts de boiserie, mobilier design et fauteuil en cuir. Je l'aime bien Philippe. Un homme charmant, d'une élégance rare, toujours tiré à quatre épingles, costumes sur mesure et chaussures de bottier. Ça, c'est au premier coup d'œil. En fait, c'est un stratège au sang froid qui peut se révéler très dangereux à qui s'y frotterait de trop près, d'une intelligence vive, homme de réseaux et d'influence. Mais je l'apprécie vraiment et je sais qu'il a toujours eu de l'affection pour moi, une tendresse presque paternelle même s'il n'est pas tellement plus âgé que moi. Comme mon mental veut des garanties, j'ai pris le prétexte de solliciter une année sabbatique pour me laisser l'opportunité de revenir. Même si je sens profondément que je ne reviendrai pas. Et Philippe aussi. À vrai dire, il semble à peine surpris par ma requête. Je m'attendais à un peu plus de résistance que d'encouragements et c'est l'inverse qui se produit. Une fois ma demande entendue, le voilà qui m'emmène ni une ni deux et sourire aux lèvres, presque en me tirant par le bras, chez le directeur des ressources humaines. Cette rapidité ne me surprend en fait qu'à moitié. Bien sûr, il essaie de revendre la boîte et je fais partie des beaux salaires. Et comme il faut rendre la mariée plus belle... Ma demande arrive à point nommé pour lui. Alors, je signe là où on me dit de signer sous le regard stupéfait du chef du personnel. Sans remords ni regrets. Étonné malgré tout par la facilité avec laquelle je viens de faire basculer ma vie.

Le vent froid souffle sous la passerelle qui connecte les deux bâtiments gris. Au loin, j'aperçois quelques collègues rassemblés, cigarette au bec, dans le petit espace fumeur installé à l'extérieur. Ils me saluent sans imaginer une seule seconde ce qu'il vient de se passer pour moi. Même moi je n'en reviens pas de ce qui s'est produit à l'instant. Je suis dans un état second. Je m'étonne pourtant de me sentir aussi incroyablement léger. Je redoutais un contrecoup, pensais que j'allais verser une larme. Rien du tout. Une enclume vient d'être retirée de mes épaules. C'est presque comme si des ailes me poussaient dans le dos. Je suis libre. Mais face à un vide aussi enivrant qu'inquiétant.

DEUXIÈME PARTIE

I

Un concert de klaxons permanent. C'est la première chose qui frappe quand on sort de l'aéroport. À se demander s'ils les entendent encore. Et puis cette moiteur, étouffante, où se mêlent odeurs de vieux diesels, relents de curry, de cardamome, de santal, de bois brûlé et d'effluves corporelles en tout genre. Une masse grouillante et bigarrée de plus de douze millions d'âmes occupe ici le moindre mètre carré disponible, du milliardaire en roupies à ce vieillard édenté presque mourant effondré à même le trottoir. À chaque pas, on prend le risque de se faire écraser. À tout moment, on est sollicité. On m'avait prévenu, moi qui ai pourtant déjà pas mal voyagé : l'Inde, c'est toujours un choc pour celui qui la découvre. Une ville comme Mumbai en particulier. Ici, je prends conscience de mon infinie petitesse. Je ne suis plus qu'un grain de sable dans la grande fourmilière humaine. C'est cette leçon d'humilité que je suis venu chercher, seul, sac au dos, routard parmi des milliers d'autres. Et je ne suis pas déçu.

Pourquoi l'Inde ? Elle m'est apparue dès le départ comme une évidence. La cerise sur le gâteau d'une année que j'espère transformatrice. Et quoi de plus spirituel et initiatique que ce pays aux trois cents millions de dieux, paradis du yoga et de la méditation, des ashrams et gourous en tout genre ?

Pourtant, j'avoue que je n'en menais pas large avant d'embarquer dans l'avion il y a moins de vingt-quatre heures. Mélange d'excitation pour ce voyage ardemment souhaité, d'anxiété avant ce plongeon de plusieurs mois dans l'inconnu. Et cette boule au ventre d'avoir laissé à Bruxelles ceux que j'aime, à commencer par Jean. Me laisser partir est une incroyable preuve d'amour de sa part. Il a l'intelligence émotionnelle et l'infinie délicatesse de comprendre mon besoin de solitude et d'intériorité, cette quête particulière qui m'habite et le chemin qu'elle implique. Il sait les tourments par lesquels je suis passé, les expériences qui m'ont mené jusqu'ici. Alors, il se met en retrait, tout en veillant sur moi. Loin des yeux, près du cœur.

J'atterris rapidement sur une plage immense du Kerala du sud de l'Inde, à quelques kilomètres au nord de Cochin, trop heureux d'échapper au brouillard pollué de Mumbai. Ici, tout est vert et luxuriant, calme et volupté. Et pas du tout roots. Un resort cinq étoiles pour Occidentaux plutôt vieux et pour la plupart teutons, venus goûter aux bienfaits de la médecine ayurvédique et du yoga. Je n'ai pas pris beaucoup de risques pour mes premiers jours indiens. De jolis petits bungalows sont éparpillés dans un jardin magnifique le long de l'océan. C'est l'heure de ma toute première leçon de yoga. La salle de cours est plantée dans le sable et entourée de cocotiers qui se balancent au gré du vent. Il n'y a pas de murs et l'air chaud et humide s'infiltre au travers des colonnes en briques qui soutiennent un toit tressé de feuilles de palmiers. Au loin, on entend le ressac de la mer d'Arabie et le croassement des corbeaux, alors que des centaines de libellules n'en finissent pas de tournoyer dans les rayons du soleil. Attentif, je transpire à grosses gouttes en essayant de reproduire les asanas dictés par le yogi. Un drôle de petit bonhomme sec et sans âge, à la peau très sombre qui contraste avec sa longue barbe et ses beaux cheveux blancs. Il porte un kurta, la tunique traditionnelle indienne qui lui descend jusqu'aux genoux. Ses yeux perçants sont aussi malicieux que son sourire, et le bindu, petit point rouge et blanc qu'il a dessiné entre ses sourcils, vient souligner la dimension spirituelle qui émane de lui naturellement. C'est son troisième œil, relié au sixième chakra. Mon professeur m'oblige à revenir à l'instant présent. À mettre de côté le passé et à cesser de me projeter dans le futur. Et même si mon esprit n'en finit pas de virevolter, petit à petit je m'apaise et je me recentre. La sirène, le petit enfant, le chameau... Yogi Abhiram Chaitanya chante ses instructions et dicte les postures comme des mantras qui me caressent les oreilles et me donnent envie d'aller plus loin. Au son mélodieux de sa voix profonde, mes muscles s'étirent et se gainent, et ma respiration devient plus profonde, plus consciente.

En complément du yoga, deux masseurs me suivent pendant les douze jours de mon séjour, en communication étroite avec le médecin qui m'a ausculté à mon arrivée. Deux heures chaque matin à me faire oindre et masser divinement. Massage du corps à l'huile chaude, du cuir chevelu et du visage. Tapotage avec des pochons remplis d'herbes mystérieuses. Lait chaud et crémeux qu'on fait délicatement couler sur mon corps comme un bébé à qui on fait prendre un bain. Des techniques codifiées par l'ayurveda, une médecine holistique très ancienne, pas moins de cinq mille ans selon certains. Elle agit en apaisant le corps et l'esprit à travers des massages et des manipulations diverses et en rééquilibrant l'organisme grâce à une alimentation adaptée. Art complexe qui répartit les individus en trois grandes catégories qui souvent se mélangent : Pitta, Vata, Kapha. Selon cette médecine, c'est le déséquilibre de ces doshas qui va entraîner la maladie. L'ayurveda va donc ouvrir les chakras pour ensuite tenter de rééquilibrer l'ensemble. Les premiers jours sont ceux du plaisir sensuel. Une forme de plénitude m'envahit. Puis, petit à petit, quelque chose change, des canaux s'ouvrent pour laisser s'échapper des tensions enfouies très profondément. Dannit sait trouver ce qu'il y a à chercher, à extraire. L'énergie qu'il me transmet est particulière, presque sacrée. Alors, quand il presse ses doigts sur mon pouls, c'est comme s'il tentait d'extraire les dernières gouttes d'un citron pourtant déjà trop pressé. Le point d'acupression est directement relié au méridien de mon cœur et ce sont des larmes qui commencent à couler le long de mes joues, irrépressibles, salutaires. Moi qui pensais les avoir toutes pleurées... Je prends chaque jour conscience du temps du deuil, infiniment plus long que ce que je pouvais imaginer. De ce qu'il a profondément changé en moi. De ce qu'il est en train de construire aussi. Un homme différent, certes plus mature et, je l'espère, de mieux en mieux armé face à la vie.

II

L'éléphant me bénit avec sa trompe. Une seconde avant, elle lui servait à prendre le billet de dix roupies que je lui tendais et qui, dans une chorégraphie répétée un nombre incalculable de fois, finit ensuite dans la main du cornac. La femelle me regarde de son œil las. J'ai l'impression d'y déceler un océan de tristesse et de résignation. Je ne peux pas m'empêcher de voir les chaînes qui entravent ses pattes. Je suis le seul apparemment. Ils sont nombreux à défiler devant le pachyderme sans s'en soucier. Il leur rappelle Ganesh, le dieu à quatre bras et à tête d'éléphant, sans doute leur dieu préféré. C'est lui qui supprime les obstacles, alors on le prie et l'expose sans retenue.

Dans le grand temple de Madurai où je suis arrivé hier soir après une nuit de train, la star c'est Mînâkshî, la déesse aux yeux de poisson. Ce qui en Inde est plutôt un compliment. La belle est l'un des avatars de Pârvatî, l'épouse de Shiva, le dieu créateur. Des milliers de pèlerins se déplacent ici chaque jour pour honorer ce couple vedette du panthéon hindou. Dans ce haut lieu de l'hindouisme, on se marie ou on se purifie sous sa protection. Ce temple est immense, le deuxième plus grand du pays. Il s'étend sur plusieurs hectares en plein cœur d'une ville bruyante et surpeuplée. Plusieurs tours ornées de milliers de sculptures peintes de couleurs flashy culminent à cinquante ou soixante mètres de haut le long du mur d'enceinte. Ce sont les portails qui mènent aux deux sanctuaires, un pour Shiva, l'autre pour sa femme. De loin on dirait des pyramides aztèques formées de milliers de jouets pour enfants aux couleurs criardes. À l'intérieur, plusieurs cours séparent les lieux de prière. Un grand bassin s'ouvre sur des salles peintes de fresques vieilles de cinq siècles. Des milliers de colonnes en bois ou en pierre sculptés soutiennent des plafonds bariolés. Des autels sont placés un peu partout. Ils croulent sous les offrandes. Et les odeurs sont puissantes, presque enivrantes. En particulier celle du jasmin qu'on cultive dans la région.

Au milieu de ces hommes en prière, torse nu et pagne orange, mains jointes ou bras qui se croisent pour mieux se tirer les oreilles dans un mouvement de génuflexion, j'ai la tête qui bourdonne et le cœur qui chavire. Les larmes me viennent encore, sans trop savoir pourquoi. Je ressens une vibration particulière. Celle laissée par ces innombrables croyants venus ici depuis cinq siècles offrir leur cœur, leur souffrance et leurs espoirs. C'est étrange comme je peux être traversé par la foi des autres. Ou est-ce la mienne, celle qu'il me tarde peut-être de découvrir ? Je ne suis pas catholique, pourtant j'ai vécu exactement la même chose il y a quelques années à Jérusalem sur la Via Dolorosa, le chemin de croix du Christ. Une émotion mystique, profonde, à la fois douloureuse et sublime. Des larmes qui coulent pour un prophète que je n'ai jamais vénéré, provoquées sans doute par la force des prières qui, concentrées dans ce lieu sacré, touchaient mon cœur et mon âme au plus profond.

Signe du destin, je croise alors Mînâkshî et Shiva qu'on promène en procession d'un sanctuaire à un autre. Deux petites statues. Deux dieux immenses. J'ai de la chance, me dit mon guide. Mais moi, je sais qu'il n'y a pas de hasard. Alors, l'étranger sans croyances que je suis encore joint les mains et salue en baissant la tête.

III

Pour poursuivre ma traversée du sud de l'Inde, je me suis offert le luxe d'une voiture avec un chauffeur en charge de me conduire jusqu'à Pondichéry, l'ancien comptoir colonial français. Une journée sur les routes, ponctuée de quelques visites de temples incontournables. Rouler dans ce pays relève de la mission suicide si on n'est pas d'ici. Il faut être capable de se faufiler entre les piétons et les chiens errants, de dépasser les bus crasseux en évitant la collision frontale, de slalomer entre les ornières creusées par les pluies. Une main sur le volant, l'autre prompte à klaxonner pour mieux s'annoncer et éviter un drame. Ici, personne ne marche sur les trottoirs. Ils sont inexistants la plupart du temps. Et quand ils existent, ils sont soit défoncés, soit encombrés par l'étal d'un marchand ou des motos garées à la sauvette. Alors, tout le monde se faufile sur les routes étroites, des femmes élégantes dans leurs saris colorés et des groupes d'enfants qui rentrent de l'école. Des meutes de chiens errants dorment où ils le peuvent le long de la chaussée. Ce sont de grands chiens jaunes, nez pointus et oreilles dressées, indifférents au vacarme autour d'eux. Ils se ressemblent tous, comme si leur apparence était le résultat ultime de générations de sang mêlé. Le spectacle est permanent. Difficile de décoller le nez de la vitre pendant ces cinq heures de route chaotiques. Les villages offrent à ma vue des maisons multicolores où se mélangent vert émeraude, jaune pétant, rose fuchsia ou bleu vif. Certaines sont flambant neuves. D'autres en ruine. Et ce sont parfois des cabanes avec leur toit de chaume et leurs murs tressés de feuilles de cocotier qui les remplacent dans un paysage sublime de rizières et de forêts d'acacias d'où émerge régulièrement un temple avec sa décoration kitchissime. Je me rends compte que la tristesse, disons même la colère avec laquelle j'ai débuté ce voyage, a laissé la place à une tout autre palette de sentiments. Dans cette voiture qui fonce sur les chemins du Tamil Nadu, je suis porté par une allégresse que je n'avais plus expérimentée depuis longtemps. Une forme de gratitude. Le bonheur d'être vivant et tellement présent dans cet instant magnifique. J'ai juste envie de crier merci, et un sourire se fige sur mon visage. Un peu comme après une séance d'ayahuasca, mais sans substance.

Arrivé à bon port, je me suis installé pour quelques jours dans la ville blanche. C'est ce petit bout de France qui subsiste à Pondichéry, un havre de paix à côté du tumulte de la ville noire et son chaos à l'indienne. Quelques rues qui se croisent à l'ombre des acacias, avec leurs noms bien français – la rue Dumas, la rue Dupleix – et, le long des avenues, des hôtels de maître, certains délabrés, d'autres magnifiquement restaurés. Derrières des murs qui croulent sous les bougainvilliers, on aperçoit le fronton d'un palais supporté par une colonnade. Pas très loin, le front de mer qui s'étire le long du golfe du Bengale. On n'est pas vraiment en Inde. On n'est pas en France non plus...

Après une première nuit dans ma *guest house*, je m'arrête auprès d'un vendeur de thé chaï. J'adore cette infusion d'épices additionnée de lait et de sucre. C'est devenu mon rituel et le chaï que me propose l'homme des rues a un goût prononcé de gingembre. Ce n'est pas pour me déplaire. Un autre Européen a lui aussi l'air d'apprécier. Il est Français. Il s'appelle Alex. Nous entamons un dialogue plutôt sympa. C'est un aventurier, look de routard, longs cheveux noirs bouclés et regard souriant. Il a cinquante-deux ans mais en paraît dix de moins. Il me raconte qu'il bourlingue en Inde depuis plus de dix ans. Il vient d'arriver pour un nouveau périple. Pour combien de temps ? Il ne le sait pas encore. Cet ancien juriste en droits de l'homme est devenu nomade et s'est pris d'une incroyable passion pour ce pays qui agit selon lui comme un miroir bienveillant de nos âmes. Son beau chemin sans fin vers la lumière lui a appris la nécessité de vivre l'instant présent et d'arrêter de courir après des chimères comme on le fait chez nous au risque de se perdre. En ce moment, il tourne un documentaire sur la faculté que nous avons tous au fond de nous de nous soigner par nous-mêmes. Il rencontre des guérisseurs. Des spécialistes du yoga et de la méditation. Il a lui-même appris dans de grandes écoles ici en Inde. Il est devenu thérapeute et yogiste. C'est ce qui lui permet de gagner quelques roupies pour continuer sa route. Et voilà qu'elle vient de croiser la mienne. Alors, c'est lui qui va s'occuper de moi. M'apprendre le yoga. Me soigner. Deal !

Notre premier rendez-vous a lieu le lendemain matin au lever du soleil sur la plage de Pondichéry. Histoire d'absorber l'énergie vitale de la Terre et du Soleil qui renaît. Le prana. Avec Alex, on enchaîne les asanas. On se focalise sur l'inspiration et l'expiration. On se concentre sur les postures. Et ça me fait un bien fou, même si je souffre un peu. Des exercices de respiration alternée, du pranayama, me permettent d'entrer dans un état méditatif. Inspiration par une narine, expiration par l'autre. Quatorze fois. Avec le pouce et l'index pour se boucher le nez dans un ballet très codifié. Des enfants s'attroupent autour de nous et essaient de nous suivre. Beau moment d'échange et de rigolade. De retour à l'hôtel, j'ai droit à un massage. Rien à voir avec ce que j'ai connu pendant ma cure. Cette fois, Alex me fait mal. Il évacue les toxines encore accumulées dans mon corps et enchaîne par une séance d'acupuncture. J'ai droit à la totale, l'oreille et le reste du corps pleins d'aiguilles, alors qu'il réchauffe les courants d'énergie entre celles-ci au moyen de bâtonnets de moxa qu'il fait brûler avant d'en effleurer mon corps. Ce sont des feuilles séchées d'armoise, une technique issue de la médecine chinoise.

Pendant l'une de nos séances, Alex m'annonce qu'il a trouvé un billet de train pour Varanasi, la ville sacrée. Il partira dans deux jours. Il ne me propose rien, mais je sens comme une invitation. Alors, je lui demande si je peux l'accompagner, comme ça, sans réfléchir. Il me dit oui sans hésiter. Rien de compliqué. Me voilà donc en route pour l'aventure, la vraie, avec un compagnon de hasard, ce fameux hasard qui n'existe décidément pas. Et c'est vrai que se taper deux jours de train, c'est quand même plus drôle à deux. Couchettes de troisième classe cette fois, pour un périple de deux mille kilomètres en quarante-cinq heures, deux jours et deux nuits, en direction du nord-ouest de l'Inde et de la ville la plus sacrée du pays, Varanasi ou Bénarès comme l'appellent encore les anciens. Celle où les hindous rêvent de mourir afin d'avoir la certitude de briser le cercle infernal des réincarnations. Là où les cadavres se consument sur des bûchers le long du Gange, le dieu fleuve. C'est la mort de Zoé qui m'a mené jusqu'ici. C'est peut-être à Varanasi que j'arriverai à la transcender.

IV

Nous sommes arrivés au petit matin, le dos en compote, puants et hagards après ces deux jours passés dans le train. Il fait froid. Pas plus de dix degrés. Le contraste avec le Sud est saisissant et je bénis les petits rideaux accrochés aux portières du tuk-tuk qui nous protègent de la fraîcheur de l'aube. Alex va rejoindre un ami médecin qui l'héberge le temps de son séjour. Il a la gentillesse de m'accompagner jusqu'à une *guest house* qu'il connaît, pas loin d'un des ghats, ces quais avec des escaliers qui plongent directement dans le Gange. Elle est tenue par une Nantaise, taiseuse et assez peu accueillante. Mon compagnon de route m'explique que, sous ses dehors un peu revêches, cette femme est une sainte. Que la maison n'est qu'un moyen pour elle de pouvoir aider des femmes et des enfants qui dorment dans la rue. Je me rendrai bientôt compte que c'est le genre de personnages qu'on n'arrête pas de croiser dans cette ville. Des gens à part. Des destins particuliers. Des âmes justes et profondes. Mais pour l'heure, une seule chose compte pour moi, dormir dans un vrai lit après être passé sous une bonne douche.

Il est midi quand j'émerge enfin et que je me décide à découvrir la ville en longeant le Gange. Les ghats permettent aux hindous de rejoindre le fleuve et de se baigner dans l'eau sacrée pour se purifier. D'en boire aussi quelques gorgées. Le genre d'exploit qui nous mènerait, nous Occidentaux, directement aux soins intensifs. Parce que cette ville est une vraie cour des miracles, et tout ce qu'elle produit et rejette finit inexorablement dans cette eau aussi sacrée que puante et infectée. Des chiens squelettiques errent dans les ruelles. Des vaches dorment au milieu de la chaussée, tandis que des chèvres sont posées sur les trottoirs. Il faut bien regarder où l'on met les pieds pour éviter de glisser sur une bouse de vache ou un tas d'ordures poussé dans un coin. Cette ville sent l'urine et la pourriture. Comme partout en Inde, des klaxons résonnent en permanence dans une circulation aussi polluante que démente. Quant aux gens qui se retrouvent le long de l'eau, c'est un kaléidoscope hallucinant. Des hommes pieux avec leur pagne orange viennent faire leurs ablutions. Des babas en turban, la face grimée et poudrée de blanc, t'invitent à fumer du shit avec eux pour mieux célébrer Shiva. Des sadhu, ces croyants qui ont voué leur vie à la prière, tendent la main pour une offrande. Les touristes se mêlent aux Indiens, toutes classes confondues. Certains sont riches, d'autres dorment visiblement dans la rue, comme ces enfants crasseux et à moitié nus qui courent dans les escaliers affreusement pentus. Et à tout moment des sollicitations. Pour un tour en bateau, un massage, un bibelot ou de la drogue. Puis surtout il y a le décor. Des vieux palais sublimes et décrépis, des temples petits et grands en veux-tu en voilà, des immeubles lépreux et des ruelles sombres. Le tableau d'une ville sans âge. À se demander comment tout cela peut encore tenir debout. Quand cela va s'effondrer. Sûrement pas aujourd'hui, puisque cela fait des millénaires que c'est comme cela. Et malgré ce tableau effrayant, dantesque, digne d'un Jérôme Bosch indien, l'ensemble est d'une puissance et d'une beauté indescriptibles. Il émane du fleuve une énergie irréelle qui se reflète sur ces façades avinées, leur conférant une magnificence particulière et surannée, et qui finit par déteindre sur l'ensemble de ce cloaque surréaliste. C'est puissant. Magnétique.

Je marche, fasciné par le spectacle. Et voilà que j'aperçois de la fumée. C'est le ghat des crémations. Là où tout hindou qui se respecte rêve de terminer sa vie dans la matière pour mieux renaître, enfin, au paradis. C'est la promesse. Il y a des dizaines de bûchers le long du Gange. Des centaines de cadavres enroulés dans un linceul se consument ici jour et nuit. Des pieds, parfois une main, dépassent des brasiers. L'air est irrespirable et puant. La fumée me pique les yeux et j'aspire des cendres humaines. Le sol est jonché de ce qu'il reste des colliers de fleurs et des bibelots qui ont accompagné les défunts pour leur dernier voyage. Mêlés à la boue, aux cendres et aux bouses de vache. Je suis obligé de marcher dans cette vase infâme dans laquelle se vautrent des chiens rongés par la gale et où viennent se nourrir des brebis affamées. Quelque chose craque sous ma chaussure. Je ne veux pas savoir ce que c'est. Un rat s'enfuit sur mon passage. Une boule de douleur et d'infini désespoir bloque ma poitrine. Mes larmes coulent et j'ai la nausée. Autour des flammes, il n'y a que des hommes. Ils ne semblent pas tristes. On ne veut pas de pleurs ici. C'est pour cela que les femmes ne sont pas admises. On célèbre la libération de l'âme. Il n'y a pas de tristesse quand on meurt à Bénarès. Un immeuble borgne surplombe cette scène digne de l'enfer. C'est l'un des trois hospices où viennent finir leurs jours ceux qui vont mourir. Ils viennent de partout en Inde pour avoir la chance de partir ici. Des vieillards édentés observent le spectacle dont ils seront très bientôt les acteurs. L'eau du Gange est noircie par les cendres qu'elle absorbe crémation après crémation. Je n'ai pas vu de restes humains flotter dans la rivière. Cela arrive parfois quand la famille n'a pas eu assez d'argent pour payer le bois nécessaire à une combustion totale du corps. Mais j'ai vu des enfants se baigner quelques mètres plus bas… Comme si de rien n'était.

Je n'ai qu'une envie, sortir de ce cauchemar. Toutes mes valeurs, tous mes repères, viennent de s'effondrer en quelques minutes. Je vacille dans les ruelles, tentant de retrouver mon chemin. Je suis comme un zombie. Ma tête va exploser. Je débouche sur une avenue surpeuplée et la foule m'absorbe. Les klaxons me vrillent les tympans. Des motos me frôlent. Des mères dépenaillées me tendent leurs enfants faméliques en réclamant du lait. Un cul-de-jatte me demande l'aumône. J'ai l'impression que je vais tomber, alors j'ai juste le temps d'héler un tuk-tuk pour pouvoir m'enfuir. Arrivé à ma *guest house*, je me roule en boule et je pleure. Je veux rentrer chez moi. Je vomis ce pays que je ne peux pas comprendre.

C'est alors que je reçois un message d'Alex. Comme s'il avait entendu ma détresse et senti mon désespoir. Il me propose de me rejoindre pour une séance d'acupuncture afin de me calmer. Je sens l'énergie qui circule entre les aiguilles qu'il a plantées sur mes mains, mon front et mes oreilles. À sa demande, je ferme les yeux et je me concentre. Et mon esprit s'apaise lentement. Je peux enfin mettre des mots sur ce que je viens de voir et sur ces émotions qui m'ont chahuté. C'est une claque que j'ai reçue. Une nécessaire leçon d'humilité. J'ai compris à quel point je n'étais rien. Un infime grain de poussière qui dansera quelque temps dans l'air avant de se dissoudre, comme ces cendres dans l'eau du Gange. J'ai aussi compris que mon monde que je pensais être le seul qui vaille n'en était qu'un parmi tant d'autres. Que ce monde que j'ai vu, subi, et que je ne veux pas comprendre est en fait aussi le mien. Et que mes valeurs ne sont pas si universelles que cela. Je sens que quelque chose se débloque en moi. Je pensais aimer l'Inde, mais je ne voulais la voir qu'à travers mes yeux d'Occidental. J'étais, sans le savoir, en résistance. En dualité. Je me sens enfin prêt à accueillir ce pays tellement paradoxal, aussi attirant que détestable. J'ai enfin lâché prise et ça me fait tellement de bien.

Des messages se succèdent. D'abord mon ami Éric avec qui je partage par texto ce que je viens de vivre. Il me connaît bien. Il a été mon producteur pendant des années. Il sait la complexité du personnage et mon ego tourmenté. Il me confirme que nous ne sommes que de petites poussières. Mais il ajoute qu'on peut faire en sorte de les transformer en paillettes dorées le temps de notre passage. C'est magnifique. Merci Éric pour cette pensée qui m'apaise. Et puis il y a Navneet, l'ami médecin d'Alex avec qui nous allons dîner. Il est cancérologue. Il est donc confronté quotidiennement à la mort. Sa vision est belle et me transporte. Il m'explique que, pour lui, la mort n'est qu'un retour au point zéro, celui qui précède notre naissance. Comme si la vie n'était qu'un cycle, un cercle qui revient toujours au même point. La mort n'est donc peut-être pas une fin. Juste un recommencement. Moi qui étais tellement en colère après la mort de Zoé, c'était sans doute ces mots-là que j'étais venu chercher en Inde. Alors, je retrouve des couleurs après cette journée que je ne suis pas prêt d'oublier. J'ai d'abord reçu une claque, violente, qui m'a fait vaciller et m'a donné envie de fuir. Le plus loin possible. Puis, ce furent ces signes, tellement puissants et réconfortants. Et j'ai finalement compris pourquoi j'étais ici. Que la leçon que je recevais n'était pas une punition, mais un incroyable cadeau. Qu'elle m'avait fait grandir. On m'avait prévenu : on ne sort pas indemne d'un séjour à Varanasi. Il y a dans cette ville, la plus ancienne au monde, bien plus vieille que Jérusalem, une énergie qu'on peut qualifier de cosmique. Je n'invente rien. Demandez à ceux qui vivent ici. Ceux qui y sont passés. Ceux qui ont décidé d'y rester.

Tous les trois, nous voilà en train de nous perdre le long du Gange. Mais Alex sait très bien où il va. Un petit escalier vertigineux et mal éclairé où viennent se réfugier des jeunes qui veulent avoir la paix. Il sait qu'ils partageront volontiers un peu de leur herbe avec nous. Je tire sur la pipe en terre cuite que me tend un des gamins en souriant. On papote avec eux. On rigole. Je suis à nouveau heureux. Que c'est simple et que c'est bon. Cerise sur le gâteau de cette incroyable journée, voilà que je reçois un merveilleux message juste avant de me coucher. C'est Julian qui me l'envoie d'Albanie. Mon grand ami des Balkans est papa pour la deuxième fois. Une petite Emma vient de pointer le bout de son nez et elle est juste adorable. Comme si cette journée qui avait commencé dans la mort ne pouvait que se terminer avec la vie. Parce que les deux sont indissociables. Je l'ai enfin compris.

V

Ce matin, Alex a décidé de me faire une surprise. Une séance de yoga un peu particulière. Le rendez-vous est fixé à un peu avant six heures devant ma *guest house.* Avant le lever du soleil. On se réveille tôt et on se couche tout aussi tôt en Inde. Et le yoga, ça se pratique le matin et à jeun. Navneet fait partie de l'aventure. En route pour les quais où il y a déjà du monde. Une dizaine de jeunes hommes habillés en blanc sont alignés face au Gange. Ils tiennent chacun une coupe de feu qu'ils font danser dans la nuit qui s'achève. Cette chorégraphie est une offrande au jour nouveau. Pas d'applaudissements. Mais une communion pour saluer le retour du soleil. Puis, une chanteuse et ses deux musiciens entament un mantra pour célébrer la déesse Ganga. Car le fleuve fait partie du panthéon. C'est un moment puissant. Et alors que le soleil entame sa course dans le ciel, il est temps de passer au yoga. Un cours collectif géant. Les hommes d'un côté, les femmes de l'autre. Et sur scène un vieux yogi au corps de Bouddha tout habillé d'orange. Nous nous installons au milieu des Indiens et nous enchaînons les exercices dictés au micro par le maître. Pas mal de respiration. Des flexions. Pas vraiment d'asanas. C'est du yoga grand public. C'est surréaliste de se trouver là. Surtout quand le yogi nous demande de rugir comme des lions ou de rire comme des fous furieux.

Juste après la séance, nous marchons dans les rues et nous débouchons sur un lieu étonnant. Des escaliers en pente raide s'enfoncent dans la terre, formant une sorte de puits. Au fond, on aperçoit de l'eau. C'est celle du Gange. Ce lieu, c'est le Lolark Kund. Un bassin où les couples vont faire des ablutions en espérant améliorer leur fertilité. L'endroit semble aussi ancien que peut l'être la ville. On y accède via un petit temple dédié à Shiva. Deux hommes nous invitent à les suivre jusqu'en bas. Les Indiens sont toujours heureux de partager leur culture pour qui se montre intéressé et respectueux. Et les étrangers que nous sommes exercent sur eux une drôle de fascination. Je m'accroche aux marches pour ne pas glisser. À hauteur de l'eau, nos guides improvisés nous montrent une niche dans laquelle on aperçoit deux effigies martelées dans du métal. L'une est un soleil. L'autre une déesse que je serais bien incapable de reconnaître. Des dieux antérieurs au panthéon hindou. L'un des deux Indiens m'explique que l'énergie tellurique est très particulière ici. Qu'il y a quelque chose de cosmique dans ce puits. J'ai envie d'y croire, alors je fais un vœu en caressant le métal.

Je quitte Alex et son ami et je retourne me promener sur les ghats. Un attroupement a lieu autour d'un magnifique palais moghol assoupi le long de la rivière. Tournage en cours. Impossible de passer. Une centaine de figurants sont rassemblés sur les marches du palais, habillés de couleurs criardes. Un top est donné et les acteurs entament une chorégraphie au son d'une musique indienne. La grue sur laquelle est posée la caméra tourne autour des danseurs éclairés par des projecteurs. Et tout d'un coup, me voilà en terrain connu. Une forme de nostalgie m'envahit. Je regarde ces jeunes Indiens si heureux d'être filmés et je me revois au début de ma carrière, si fier moi aussi d'être sur scène et dans la lumière, mon sourire prêt à être gravé sur l'écran. J'ai toujours adoré les plateaux de télévision. Ces lieux propices à une énergie bouillonnante et créatrice. Ces usines à fabriquer du rêve. Depuis le jour où, encore enfant, j'ai accompagné mon meilleur ami et son père dans un studio parisien. J'étais enfin sur la fameuse île aux enfants de Casimir. Celle qu'il était si facile de rejoindre puisqu'il suffisait d'un peu d'imagination. Et moi j'en rêvais. Si fort. Même si à cinq ans je ne savais pas encore vraiment ce que cela voulait dire l'imagination...

Je me suis bien rattrapé depuis. Trente ans d'émissions passionnantes, de rencontres émouvantes ou inspirantes, de découvertes et de voyages extraordinaires. Quand je regarde en arrière, je mesure le chemin parcouru mais surtout la chance que j'ai eue. J'ai accédé à la Maison-Blanche, tourné dans les coulisses du Palais royal, salué le passage à l'an 2000 en direct, découvert un Congo peu exploré, été ému aux larmes dans un camp de réfugiés en Jordanie, volé en ULM avec des oiseaux, réalisé un saut à l'élastique éprouvant depuis le sommet d'une grue à Liège, vécu en direct à la radio avec effroi mais professionnalisme les attentats de Bruxelles, participé à des croisières passionnantes sur des mers turquoise, skié devant les caméras dans les plus belles stations d'Europe, fouiné dans les entrepôts du Cirque du Soleil à Montréal, mangé de la cervelle de chauve-souris lors d'un *Pékin Express* épuisant en Indonésie, redécouvert autrement la Thaïlande ou le Vietnam, admiré les fastes des palais de Saint-Pétersbourg ou traversé les États-Unis sur la mythique route 66 à bord d'une Corvette des années 1960... Et j'en passe ! Il y a eu tellement de périples, de découvertes de lieux interdits au commun des mortels, de moments puissants.

Tout cela fait partie intégrante de ce que je suis aujourd'hui, et ma gratitude est infinie pour la chance qui m'a été donnée lors de ces années sous les projecteurs. Sans compter les milliers de rencontres, avec des anonymes aux parcours de vie parfois bouleversants et avec toutes ces grandes vedettes ou ces personnalités charismatiques avec qui j'ai pu partager, de Céline Dion à Steven Spielberg, en passant par Johnny Hallyday, Mireille Darc, Ricky Martin, la reine Mathilde ou encore Annie Cordy, Lara Fabian ou Salvatore Adamo, qui se sont confiés avec tant de délicatesse à mon micro. Il y en aurait tellement à citer qu'un livre entier serait nécessaire. Et que dire du public, de ces hommes et ces femmes qui m'ont parfois bouleversé dans les rencontres que nous avons pu avoir et de tout cet amour que j'ai reçu à travers leurs messages ou des moments d'échange parfois improvisés. Sans oublier les équipes techniques et de production avec lesquelles nous avons souvent formé de vraies petites familles le temps d'une aventure. Ma crise de la cinquantaine valait-elle le coup de fermer la page sur ce destin en or ?

Tout d'un coup, la foule de spectateurs s'agite et se met à crier. Une très jolie et très jeune femme vient de sortir du palais. C'est la vedette féminine de cette production bollywoodienne. Mon voisin m'affirme que c'est une star immense en Inde. Mais la capricieuse fait la moue, indifférente aux cris de ses admirateurs. Elle se pense sans doute spéciale, comme il m'est aussi arrivé de le croire. Pourtant, elle n'est rien pour moi, comme je ne suis rien pour elle. Tous deux, nous redeviendrons poussière un jour. Et nous finirons dans le Gange ou ailleurs comme ces cadavres qui brûlent à quelques pas de là. Alors, je fais demi-tour et je la laisse à ses chimères. Trop heureux de n'être qu'un touriste anonyme au milieu d'une foule indifférente.

VI

Il est onze heures. Les immenses bambous se balancent mollement au-dessus de l'esplanade de marbre blanc, offrant une ombre salutaire à la vingtaine de danseurs en tunique bordeaux qui se déhanchent sur un mix de David Guetta. J'ai quitté Alex l'avant-veille pour rejoindre un centre de méditation pas comme les autres à Pune, une grande ville au sud-est de Mumbai. Séparation très émouvante après ce qu'il m'a permis de vivre. Mais j'avais réservé ce séjour particulier longtemps à l'avance et je ne voulais pas le rater. Nous nous retrouverons j'en suis certain, la Vie s'en chargera. C'est en préparant mon voyage que j'avais repéré cet endroit très spécial dans un livre que j'avais dévoré, le *Journal intime d'un touriste du bonheur* de Jonathan Lehmann. Le récit d'un jeune avocat d'affaire aux dents longues dont l'existence dissolue bascule et le conduit sur les routes indiennes à la recherche de sens. Une histoire bourrée d'humour et de belles vérités qui ne pouvait que m'inspirer en ce moment très particulier de ma vie. C'est d'ailleurs Jonathan qui m'a donné l'envie de coucher moi aussi mes aventures sur papier. Je m'y suis attelé dès mon arrivée en Inde et cet exercice quotidien, s'il n'a pas vraiment vocation à être publié pour l'instant, agit sur moi à la façon d'un médicament. L'encre comme une thérapie. Mes émotions exprimées en mots pour mieux les transcender.

Les yeux fermés, je me laisse envahir et porter par le son électro. *Ecstatic dance.* Une sorte de dancefloor méditatif. Me voici chez Osho. À l'endroit même où le guru délivrait ses messages à une foule de disciples conquis. Osho n'est plus de ce monde mais ses enseignements demeurent. Ils ont séduit de nombreux Occidentaux en pleine mouvance *flower power,* parce que sa philosophie est l'une des rares à établir un pont entre notre monde matériel et la spiritualité de son pays. Osho ne nous exhorte-t-il pas à laisser Zorba le Bouddha émerger en nous ? Ce personnage dont la sagesse est de ne pas exclure de sa vie les plaisirs matériels, voire sensuels, tout en ouvrant son cœur pour accéder à la paix intérieure. Le guru – qui signifie professeur en Inde – en a été l'exemple vivant, enchaînant les conquêtes et accumulant les Roll's Royce. Le centre a donc une réputation un tantinet sulfureuse. Alors, tandis que je danse, j'ouvre l'œil de temps à autre pour capter un regard. Mon pouvoir de séduction fonctionne apparemment encore très bien et cela n'a rien pour me déplaire. Je ne suis décidément pas encore guéri et pourtant déjà tellement mieux.

Le centre n'est pas un ashram comme on en voit beaucoup en Inde. C'est plutôt un resort, un immense campus au cœur d'une végétation tropicale dans les quartiers chics de la ville. Tarifs occidentaux. Pas beaucoup d'Indiens si ce n'est pour la maintenance. Avec passage obligatoire par la case shopping pour se refaire une garde-robe bordeaux et pouvoir participer à l'un des nombreux ateliers proposés. On est dans le Club Med du développement personnel. Avec la méditation en formule de base et tout le reste en option.

L'endroit est luxueux et austère. Granit et marbre gris foncé, rien qui dépasse. Même la piscine est noire et le maillot pour aller dedans se doit d'être de la couleur prescrite. J'ai choisi de dormir au cœur même du domaine et je me retrouve assigné dans une chambre immaculée, tellement minimaliste qu'elle me fiche le cafard à la première seconde. Une cellule moniale revisitée. Tout doit concourir à faciliter le processus méditatif.

Une immense pyramide noire et brillante entourée de douves abrite l'auditorium où ont lieu les méditations qui s'enchaînent tout au long de la journée. La symbolique de la connexion au divin est forte. Voir de loin cette armée de méditants uniquement vêtus de rouge se presser calmement dans les escaliers qui mènent à l'entrée de ce temple moderniste dressé au milieu des bambous a quelque chose d'irréel. Le silence est presque religieux malgré les trois cents personnes présentes. C'est ici qu'on goutte à la patte Osho et ses méditations actives. Le programme débute à cinq heures trente, au lever du soleil. Sans un bruit, dans l'aube brumeuse, des centaines de pénitents avancent l'œil encore endormi vers la grande salle minérale pour participer à la méditation dynamique, la plus célèbre, celle qu'il ne faut pas rater car tellement cathartique. Dix minutes à respirer fortement par le nez, sans rythme, à cracher de l'air et de la morve par les narines, suivi de dix minutes de défoulement total, avec cris et hurlements. Les yeux fermés, j'assiste à un spectacle auditif à la fois effrayant et hallucinant, mais je me laisse porter par cette hystérie collective. Et cela fonctionne. Je sens la purge, des nœuds accumulés qui se défont. Mais ce n'est pas fini. S'ensuivent dix autres minutes à sauter bras en l'air en hurlant aussi fort que possible le mantra *Hou hou hou*. Épuisement total. La torture est heureusement collective. Au signal, je reste figé, gelé sur place. Dix nouvelles minutes à tenir. Ne pas se laisser dissiper le flot d'énergie accumulé. La gravité titille mes mains pointées vers le ciel. Jusqu'à la délivrance et la célébration quand la musique nous invite à un quart d'heure de danse et de joie.

Toutes les méditations d'Osho ne sont heureusement pas aussi éprouvantes. La plupart sont extrêmement ludiques, m'invitant par le mouvement à calmer mon mental, clé de la connexion souhaitée. Certaines de ces méditations très particulières passent par des tremblements ou la danse. Une autre m'amène à partager un bourdonnement collectif qui se transforme en une magistrale vibration renforcée par des mouvements énergétiques puissants. Celle appelée Devavani m'oblige à émettre de drôles de sons comme un enfant qui babille avant de me poser et d'observer. Je me transforme aussi en derviche tourneur, tournant encore et encore avant de m'effondrer sur le sol en marbre et de me connecter. Et, quand je me retrouve au cœur d'un immense rire collectif bien orchestré, une joie profonde me submerge et je me laisse contaminer par ces centaines de personnes hilares qui m'entourent. C'est la méditation par le rire et elle fait un bien fou. C'est tellement nouveau pour moi. J'avais déjà tenté de méditer, sans trop de succès, revenant toujours au mental, ne comprenant pas vraiment l'intérêt de cette technique tellement valorisée, ou plutôt en frustration totale de ne pas réussir à toucher ce que d'autres semblent atteindre avec tant de délectation à la clé. Et là, je commence à en déchiffrer le mode d'emploi.

Rapidement, un groupe d'amis se forme. Nous sommes tous francophones et nos chemins se sont croisés aux soirées dansantes qui animent nos nuits de Zorba ou dans l'un ou l'autre atelier convoquant le Bouddha en nous. Celui où on enseigne le tantra notamment. C'est le cours à ne pas rater pour qui veut faire des rencontres. Il y a Anthony, beau gosse et entrepreneur à succès dans la cryptomonnaie en Suisse. Après un début de vie tout feu tout flamme et dans les excès, lui aussi est en quête d'apaisement et de sérénité. Je rencontre juste après Vanessa, jolie Belge à la crinière rousse et bouclée, petit oiseau adorable qui enchante tous ceux qu'elle rencontre tant sa joie est communicative. Deux autres garçons et une charmante Lettone se joignent à notre bande en tuniques bordeaux. Et puis il y a Eva, Brésilienne vivant en Suisse. Brune à la peau métissée, pulpeuse et charmante. Elle me plaît et je pense que c'est réciproque. Alors, nous décidons de former un duo pour les exercices tantriques.

Des couples improvisés se sont formés dans la grande salle parsemée de coussins moelleux. De larges baies vitrées laissent passer la lumière de ce bel après-midi. Helena, la prof de tantra, nous invite à nous asseoir en tailleur et à faire face à notre binôme. En nous regardant dans les yeux, souffle apaisé et attention au cœur, nous allons tenter, à tour de rôle, d'envoyer un maximum d'amour à notre partenaire. Uniquement par la conscience et le cœur. Une énergie, une vibration, un sentiment qui peut se transmettre bien autrement que par les mots ou par les gestes. À l'autre de se mettre en position de recevoir cette lumière. La connexion entre Eva et moi est extraordinaire. Je sens des ondes d'amour venant du plus profond de son cœur m'envahir par vagues. C'est une sensation inouïe. Tellement éloignée de mon univers que j'en suis désorienté. Je me sens empli d'une telle douceur, d'une lumière d'amour à la fois guérissante et énergisante. Alors, je lui rends le compliment et nous entrons dans une danse vibratoire d'une puissance incroyable. Des larmes coulent sur mes joues. Sur les siennes aussi. D'extase. Je découvre quelque chose d'encore plus puissant que le sexe. Une vraie connexion avec une autre âme.

Eva et moi sortons de la classe, clairement ébranlés par ce qu'il vient de se passer. Il n'y a pas beaucoup de mots qui nous viennent. Je l'invite à boire un café. Je sens qu'un lien s'est créé entre nous. Que peut-être... La place centrale du campus est étrangement déserte. Il fait chaud mais je crois que c'est la peur qui me fait transpirer. Eva est si belle, si douce. J'ai envie de sa peau et de sa bouche mais je vacille. J'ai déjà connu une femme, mais c'était dans des circonstances particulières, facilitées par l'ayahuasca. Me voilà à nu, effrayé par l'idée qu'elle perce à jour mon inexpérience amoureuse. Incapable d'entrer dans le personnage que je crois, à tort, elle attend. Alors, je botte en touche, je me détourne, ne me sentant pas à la hauteur d'aborder cet univers quasi inexploré. Je fuis, laissant ma belle dans l'incompréhension la plus totale.

Pour ne plus trop penser, je décide de participer à un marathon de méditation. Un programme qui m'invite à enchaîner toutes les séances proposées durant la journée. Et quasiment en résidence dans la pyramide minérale, puisque je ne sortirai qu'à midi pour un lunch léger avant de me replonger dans cette overdose méditative. Les heures passent et les techniques s'enchaînent. L'épuisante méditation dynamique matinale bien sûr. Mais aussi la méditation Mandala où je cours en faisant du sur place, la *No Dimensions* pendant laquelle je me transforme en maître du taï-chi… Et tant d'autres. Petit à petit, j'arrête de compter. De penser aussi. Je m'immerge dans ces moments de grands silences intérieurs, ne comprenant pas encore tout à fait l'intérêt de ce que j'ai décidé de m'infliger pour la journée.

Après plusieurs heures de ce programme, je sens pourtant que quelque chose est en train de changer. Comme je l'ai déjà vécu, je commence à devenir observateur de mes pensées et de mes émotions. Puis, et c'est nouveau, de mon corps physique. J'arrive pour la première fois à me voir comme si j'étais à l'extérieur de moi. Je tourne autour de cet homme un peu voûté, assis en tailleur les yeux fermés. J'observe ce grand animateur de la plus petite moitié de son minuscule pays qui cherche un sens à sa vie. Je prends un recul inouï. Une agréable sensation de paix imprègne mon esprit. Mon chakra coronal s'ouvre peu à peu et se connecte à une lumière d'une pureté incroyable qui se déverse en flots dans tout mon être. Je suis comme inondé d'amour. Et tout d'un coup, c'est le déclic. La révélation que j'attendais. Ce que je ne captais pas encore vient d'émerger. Comme une évidence. Quelque chose que j'ai toujours su mais que j'avais oublié vient de m'apparaître. Et je souris à l'idée que, même si c'est en Inde que j'ai enfin trouvé la réponse à toutes mes questions, elle n'était en fait pas très loin, juste endormie à l'intérieur de moi.

VII

Après deux semaines de zen, il me fallait revenir à une autre réalité et terminer tranquillement mon périple indien. J'ai donc pris un avion pour rejoindre un lieu mythique au bord de la mer d'Arabie : Goa. L'ancienne colonie portugaise s'étend sur cent kilomètres de côtes et attire touristes et routards venus ici faire la fête et profiter d'un soleil exotique à moindre prix. C'est donc sur la plage que tout se passe. Elle se remplit dès le lever du soleil. Un peu partout, des groupes se forment. Certains font du yoga. D'autres du taï-chi. Il y a les coureurs et les culturistes. Les instagrameuses et les néohippies. Puis, dès que la chaleur se fait plus forte, la plage se vide, ne laissant que quelques adorateurs du soleil inconscients et des Russes déjà ivres effondrés sur des matelas. De jeunes Indiens font des descentes au bord de l'eau. Bandes de potes débordants de testostérone attirés par les jolies filles quasiment nues. C'est amusant d'observer leur manège, tournant comme si de rien n'était autour des corps allongés, demandant des selfies aux femmes en bikini. Allongé sur un transat à l'ombre des palmiers, je savoure ce spectacle et je souris le cœur empli de gratitude pour les cadeaux que la vie ne finit pas de déballer devant moi.

Ce que je viens de vivre et découvrir chez Osho change radicalement ma vision du monde, à commencer par celle que j'avais de moi. Ma conscience vient de s'éveiller. Ou plutôt, je me suis éveillé à elle. Mais pour moi, cela sonne davantage comme des retrouvailles. Étrange sensation de non-découverte, comme un retour à la maison. Plutôt un réveil qu'un éveil. Amusant pour celui qui l'a été si longtemps pour les autres à la radio, sans jamais avoir été très éveillé pour autant. L'illumination m'a semblé fulgurante, mais je sais qu'elle est le fruit de ce long périple avec moi-même. Qu'il a fallu que je touche le fond, que tout ce à quoi je m'accrochais et je croyais se volatilise. Que la médecine amazonienne fasse son œuvre pour que je commence à faire le ménage en moi, et par là même que j'apprenne à m'observer tout en me permettant de découvrir qu'il existait autre chose de l'ordre de l'invisible qui allait bien au-delà de ma prétendue réalité. Quelque chose qui nous transcende. Sentiment amplifié après la mort de Zoé, confirmé sur les ghats de Bénarès. C'est sur ce terrain déjà défriché que la méditation m'a enfin conduit vers ce que j'étais venu chercher en Inde.

J'ai pu renouer avec ma véritable nature. Je ne suis plus dans l'illusion du personnage. Ce sentiment profondément intuitif ne cesse de s'amplifier depuis qu'il s'est emparé de moi. J'ai cru si longtemps que j'étais mon ego. Je me suis pris pour lui. J'avais oublié que ce que je pensais être ma vie n'était en fait qu'une grande pièce de théâtre dans laquelle j'interprétais un rôle. Et que derrière le costume que j'avais choisi pour vivre cette incroyable expérience dans la matière se trouvait mon vrai Moi. Disparu, bien caché, depuis l'âge de cinq ou six ans sans doute, le moment où opèrent les premiers conditionnements et où tombe le voile de l'oubli. Et cette âme d'enfant, mon âme tout simplement, je viens de renouer avec elle. Je me rappelle enfin que je suis l'acteur des scènes que la vie me fait jouer, mais aussi le créateur et le metteur en scène. Un marionnettiste derrière la marionnette. C'est vertigineux, mais cela change complètement la perspective. Comme je ne me confonds plus avec mon personnage, je gagne un incroyable détachement. Je deviens observateur du jeu mené par celui que j'interprète et je peux l'incarner avec beaucoup plus de recul, sans souffrir ou en tout cas plus de la même manière, et ce, quelle que soit l'expérience. Les préoccupations de mon ego me semblent de plus en plus dérisoires au fur et à mesure que s'opère cette distance. Je perçois tellement plus clairement mes mécanismes de défense et je commence à pouvoir observer mes blessures. Alors, tout ce après quoi j'ai toujours couru perd son sens. Le regard de l'autre importe de moins en moins tandis que se déploie ma nouvelle conscience. Mes peurs s'estompent au fur et à mesure que je comprends qu'elles ne sont que les chimères dont s'alimente mon mental ego en mode survie permanent. Bien sûr, c'est un apprentissage, un chemin qui demande une certaine attention. Je retombe vite dans les travers du personnage, m'énerve pour des broutilles, m'angoisse pour un rien, ressasse des bêtises. Mais, petit à petit, j'apprends à prendre la hauteur nécessaire et à me reconnecter à cette lumière qui s'anime en moi. C'est cette voie-là que je dois à présent m'efforcer de suivre. Celle de mon cœur. Écouter mon intuition. Il n'y a qu'elle qui pourra me guider sur le bon chemin, loin des détours tortueux que m'obligent à emprunter mon personnage et son mental désordonné. C'est mon âme qui doit désormais me montrer la route. Elle sait où me mener, car elle est une part en moi de la source de toutes choses.

Cette nouvelle conscience de ce que je suis en réalité, de ce que nous sommes, m'amène bien au-delà de cette vie-ci. Le principe de réincarnation prend désormais sens en moi, puisque cette connexion à mon âme m'a fait intégrer de façon puissante que ma vie actuelle n'est qu'une expérience de plus dans la matière, qu'il y en a eu d'autres et qu'il y en aura d'autres. Que je suis en réalité une émergence d'un tout qui est une énergie, qu'on pourrait appeler la Vie, l'Univers ou, pourquoi pas, Dieu, venue vivre la matérialité en s'incarnant sur Terre. Que ce mouvement permanent, ce cycle logique où alternent la vie et la mort, existe depuis la nuit des temps. Je suis cette pulsion qui va et qui vient, qui apparaît et qui disparaît, pour encore réapparaître sous une forme ou une autre et qui s'appelle la Vie. Je suis ce Tout, je ne fais donc qu'un avec ce que la Vie anime. Il n'y a plus moi et l'autre. Je suis toi, tu es moi. Mais je suis aussi tout ce qui m'entoure. La dualité s'efface pour révéler l'unité avec tout le reste. L'interconnexion. Mon pouvoir et ma sagesse sont donc bien plus grands que ce qu'on a voulu me faire croire. Mes responsabilités aussi.

Cette dimension spirituelle, cette connexion à Dieu ou cette conscience que Dieu est en moi, appelons cela comme ça, est totalement inattendue pour moi, élevé comme je l'ai été par une famille de bouffeurs de curés depuis plusieurs générations, pas baptisé et rendu encore plus mécréant par des écoles où la laïcité faisait presque figure de religion. Longtemps, j'ai pensé qu'il fallait que ma vie soit la plus remplie possible car je n'en aurais qu'une, sans rien à attendre de l'après. Que tout s'arrêtait à ce que je pouvais percevoir.

Mais aujourd'hui, grâce à cette nouvelle compréhension, cette idée que notre monde ne se résume sans doute pas à son unique matérialité, c'est une tout autre perception qui s'éveille à moi. Alors oui, on peut dire que j'ai rencontré Dieu en renouant avec qui je suis vraiment. J'ai touché au cœur de mon être à quelque chose qui me dépasse et qui est clairement de l'ordre de l'indicible.

Il est dix-sept heures et la foule arrive pour le coucher du soleil. Il y a ceux qui méditent. D'autres qui se baladent. On croise de vieux routards, des jeunes au no-look pourtant très étudié, des originaux comme ce type en sarong et turban qui marche en levant haut les bras, inspirant on ne sait quelle énergie. Une heure après, des tambours forment un cercle et font résonner leur instrument pour le plus grand plaisir des badauds. Des hippies blancs installés ici organisent un marché sur le sable pour tenter de gagner de quoi continuer à vivre leur rêve de liberté. Bijoux faits mains, pierres énergétiques. Il y a des tarologues et autres diseurs de bonne aventure, une Russe baba cool qui propose des massages auditifs du crâne en posant un bol tibétain sur la tête de ses cobayes. Et un peu plus loin, d'autres allumés se sont réunis et chantent Hare Krishna avec un sourire béat. Tout le monde sourit ici. Ambiance bon enfant et sans jugement. Je dîne sur la plage en assistant à un concert improvisé par un DJ d'un genre nouveau aidé d'instruments futuristes. Je danse. Je fume. Je suis bien. Libéré de chaînes trop longtemps portées. Je me redécouvre être de lumière, souverain et libre, dont l'authenticité est bien éloignée de tous ces *diktats* que l'on m'a imposés. Un sentiment de paix, de gratitude et de joie m'envahit, mais aussi une grande lassitude. Comme si le voyage avait été si long jusqu'ici.

TROISIÈME PARTIE

I

Je suis de retour en Belgique et c'est compliqué. Très compliqué. Après ces longs mois de solitude exotique, les retrouvailles avec Jean sont électriques, très éloignées de nos espérances à tous les deux. Se retrouver en face à face après cette longue absence chamboule nos rapports déjà malmenés par ma fuite en avant. Il nous faudra sans doute du temps pour nous réapprivoiser et nous réaligner. Ma vision du monde a changé, j'ai l'impression que nous ne sommes plus sur la même longueur d'onde. Il ne comprend pas cette inadaptation qui me pousse encore et encore à me réfugier dans une solitude qui m'apaise. Et ces discours que je tiens désormais et qui ne ressemblent tellement plus à ceux qui étaient les miens avant. Il ne reconnaît pas celui qu'il a aimé. Je pensais être arrivé au bout du chemin, mais je réalise que ce n'en est que le début. Alors, on se tourne autour sans vraiment réussir à se rapprocher et la cohabitation est de plus en plus difficile.

Les dîners mondains où le superficiel l'emporte sur le fond, où la critique et le jugement des autres sont la norme, ne trouvent plus grâce à mes yeux. Pourtant, j'adorais cela, les commérages et les futilités, ces soirées où les *beautiful people* dont je faisais partie s'enorgueillissaient de leur position et leurs privilèges. Aujourd'hui, je ne vois plus que des ego blessés qui griffent, jugent et jalousent pour se rassurer, un manque flagrant de bienveillance, une superficialité qui ne fait pas grandir, un besoin de paraître au détriment de l'être. Je laisse donc s'éloigner des amis que je pensais chers, car nous ne sommes décidément plus alignés. J'ai soif d'authenticité et elle n'est que trop peu présente face à moi. Mes vrais amis – et je découvre avec étonnement que certains sont sur le même chemin que moi – ne se comptent plus que sur les doigts d'une main. Alors, je m'isole, au grand désarroi de mon homme qui me perd chaque jour un peu plus.

Et que dire du monde, de notre société, dont je perçois autrement les rouages ? C'est l'allégorie de la caverne de Platon qui se joue sous mes yeux. Je découvre que ce que je voyais se projeter sur les murs de ma réalité n'étaient en fait que des ombres. Mais il me fallait sortir dans la lumière pour le comprendre. Le grand jeu humain m'apparaît de plus en plus comme une vaste scène de théâtre, une immense illusion collective basée sur les systèmes de croyances générés par les blessures que nous portons. Bien sûr, je n'ai jamais eu la naïveté de croire notre monde parfait, j'étais juste persuadé qu'il était le meilleur que nous pouvions nous permettre. J'avais encore foi en l'humanité. Désormais, je perçois de façon tellement plus flagrante et insupportable à quel point nos ego meurtris ont mis en place un système basé sur une dualité permanente, où la comparaison à l'autre fait loi, où il n'est question que de concurrence, d'opposition, d'affrontement, de domination et de spoliation. Une jungle où il s'agit avant tout de survivre et où l'amour, l'unité et la compassion n'apparaissent plus qu'en arrière-plan, comme effacés par ce modèle individualiste. Une société malade, névrosée, transformée en une course du moi contre les autres, mais aussi de l'homme contre la nature, tout cela parce que nous avons oublié qui nous sommes vraiment et qu'en réalité nous ne formons qu'un. Que si je fais mal à l'autre, c'est en réalité à moi que je le fais. Qu'en m'attaquant à la nature, je sabote mon propre univers. Je réalise que nous avons transformé le paradis que nous habitions déjà en un enfer à notre image.

Pire encore, je peux à présent beaucoup mieux distinguer la manipulation érigée en système. Le voile de l'illusion n'occultant plus mon regard, je me détache peu à peu de la peur qui m'apparaît comme une chimère, puisqu'elle ne repose pas sur une réalité vécue mais sur une projection du mental, et je me rends compte à quel point elle est rendue omniprésente dans nos vies, diffusée en boucle sur les ondes et les écrans. Pas le danger qui, lui, est réel. Non. La peur. Une sorte d'opium du peuple, amplifié à outrance, comme pour nous maintenir en état de dépendance et d'asservissement et nous empêcher de nous reconnecter à plus grand que nous. Pour nous empêcher de voir au-delà de la matrice imposée. C'est la peur qui fait de nous des consommateurs jamais rassasiés, car jamais apaisés. C'est elle qui nous empêche de réfléchir et nous incite à confier à d'autres notre pouvoir, ces autres évidemment bien intentionnés qui sauront tellement mieux que nous ce dont nous avons besoin. C'est elle qui nous fait accepter l'inacceptable, la mise sous cloche de nos libertés, le contrôle de nos vies, nous transformant en serviles petits moutons qui gobent ce qu'on a bien envie de leur faire croire et vont là où on leur dit d'aller. Je ne peux plus adhérer à cela. Tout s'écroule et s'effrite autour de moi. Plus grand-chose ne résonne avec celui que je suis en train de devenir, et je ne sais plus à qui ou à quoi me raccrocher, puisque ce monde qui désormais me glace est en réalité le mien.

Ma nouvelle vision, je veux la partager avec le plus de personnes possible. J'explique, je démontre, j'essaie de parler avec le cœur... J'ai la naïveté de croire que je vais changer les autres en leur ouvrant les yeux. Je n'ai pas encore compris que chacun évolue à son rythme. Que mon discours ne peut pas résonner chez celui qui n'est pas au même stade de vie. Qu'il est impossible de forcer quelqu'un à sortir de l'illusion de l'ego, tant elle est plus confortable que ce qui m'apparaît désormais. Alors, je passe pour un illuminé, ce que je suis si on s'en tient à l'étymologie, et on détourne le regard. Jean est furieux et il n'a pas tort. Je me positionne comme celui qui a tout compris, l'Éveillé, et je m'investis dans une sorte de croisade ridicule et inadéquate. Je donne le sentiment de me croire supérieur et sans doute cela est-il le cas. En fait, je retombe dans l'ego. Un ego spirituel qui me laisse imaginer que je suis plus loin que les autres. Que j'ai tout compris et pas eux. Mais j'ai tout faux. Il n'y a pas de podium au bout du chemin d'éveil. Chacun le vit à son rythme, en temps et en heure. Ou ne le vivra jamais. Il n'y a pas les uns et les autres, le plus ou le moins avancé, seulement des âmes qui cheminent à leur vitesse, et c'est bien. Ma propre route n'en est d'ailleurs qu'à son commencement et le Bouddha en moi n'est qu'un nouveau-né qui a encore tellement à apprendre. L'humilité est une qualité que je me dois d'approfondir davantage.

Au bout de plusieurs mois marqués encore plus durement par les confinements à répétition imposés par la crise sanitaire, le malaise est tel que je n'ai plus qu'une idée en tête, repartir. D'autant que la télé n'a, comme pressenti, plus rien à me proposer. J'ai une quête particulière, trouver le lieu qui accueillera ma nouvelle vie, mon nouveau moi. J'ai physiquement la sensation que la Belgique me tire vers le bas. Trop gris, trop froid, trop sombre. Énergies basses. Et puis, comment être vraiment moi ici alors qu'on me demande chaque jour de rejouer le personnage que j'essaie de fuir ? Je veux renouer avec l'authenticité de mon âme, mais plus rien ne m'encourage à le faire dans mon pays. Taraudé par cet appel, je décide de louer un camping-car et de profiter d'une éclaircie dans les restrictions de déplacement pour repartir sur les routes, seul avec mon chien. Jean est désemparé, mais je ne lui laisse pas le choix. Mon homme est décidément un saint et mes états d'être le transforment petit à petit et par ma faute en martyr.

Mon objectif : une petite maison sur une plage sauvage et ensoleillée au bord de l'océan. Comme à Goa, mais de préférence en Europe. Joli pari. Pourquoi ce fantasme ? Je n'en sais rien. J'apprends à me laisser guider par mon cœur, mon intuition, qui me hurle ses conditions, à savoir des dunes et des vagues qui s'écroulent lourdement sur un rivage encore vierge. Pour y faire quoi ? Je n'en sais fichtrement rien. La mer me fascine mais me fait peur aussi. La seule chose que je sais, c'est que je dois y aller. Alors, me voilà sur les routes, de France d'abord, du Portugal ensuite, errant de campings en plages sauvages à la recherche de mon paradis perdu. Par l'ouest et vers le sud. À bord de ma petite maison sur roues, Snap sur la banquette arrière, je vois défiler les kilomètres et les paysages, le nord du Portugal et ses plages interminables, la vallée du Douro, Lisbonne, la sublime Alentejo... Toujours plus loin, comme hypnotisé. Les horizons se succèdent, des côtes comme des cartes postales, des petits patelins pleins de charme. Pourtant, rien qui n'éveille cette flamme que j'attends, le lieu qui vibre et qui m'appelle mais que je ne visualise pas vraiment.

Comme aspiré par cette quête intérieure, je renoue avec ma solitude et ce besoin impératif d'intériorité et de silence. Questionnant pour quelqu'un qui était toujours tellement entouré. Je me rends compte que je ne parle plus à personne à part à mon chien et, quand je m'arrête, je me cherche un petit coin tranquille pour croiser le moins de monde possible avant de repartir en catimini jusqu'à la prochaine étape. C'est voulu, désiré, confrontant surtout. Car ce nouveau voyage avec moi-même se dote désormais de cette nouvelle conscience qui se détache et observe, et qui, de la même façon qu'elle agit sur ma vision du monde, ne me permet plus de taire mes propres parts d'ombre qui m'apparaissent désormais beaucoup plus visibles. Ces comportements destructeurs pour moi ou les autres que je ne percevais même pas tant ils étaient ancrés en moi, ces automatismes qui me tiraient vers le bas sans même que je le réalise consciemment. Je peux désormais distinguer clairement leurs conséquences sur ma vie et ceux qui m'entourent et les souffrances qu'ils provoquent mais qui ne sont pas une fatalité. J'ai toujours le choix, je garde mon libre arbitre, mais je comprends d'instinct qu'en faisant face avec lucidité à ces parts de noirceur en moi, en les apprivoisant et en faisant la paix avec elles, je peux enfin les dépasser et devenir une meilleure version de moi-même. Car derrière l'ombre se cache toujours la lumière, l'une ne peut exister sans l'autre. C'est brutal, questionnant, parfois bouleversant. J'ai de plus en plus l'impression de m'être perdu dans quelque chose de trop grand et de très inconfortable, avec cette conviction chevillée au corps et assez désagréable qu'aucun retour en arrière n'est envisageable. Pourtant, je sais au plus profond de moi que c'est la voie à suivre.

Je découvre aussi que le voyage en solitaire n'en est pas un. Que quelque chose ou quelqu'un m'accompagne sur le chemin. Des synchronicités m'apparaissent comme pour me guider. Le nom de Zoé dans une publicité. Des heures miroirs s'affichent sur l'écran de mon smartphone au moment où je me pose certaines questions. Une camionnette et son logo Wake Up me dépasse sur l'autoroute. Ma petite sœur ne veut pas me laisser seul dans ce voyage avec moi-même. C'est elle qui me montre la route à suivre. Elle est ma motivation et ma consolation. Sa mort, injuste, a aussi été un déclencheur. Car rien n'arrive par hasard, je le mesure chaque jour un peu plus. Zoé n'est plus, mais en réalité elle ne m'a jamais quitté.

Après plusieurs semaines à vadrouiller seul et sans but, je commence à désespérer. J'ai l'impression d'être un ermite en proie à une quête plus fantasmée que réellement spirituelle. Une fuite en avant. Je suis perdu. Dans ma tête et dans mon cœur. Je vais où exactement ? Je ne sais pas mais j'y vais. Frontière avec l'Espagne, toujours rien. Pourtant, je suis tout au bout. Plus au sud, il y a la mer et puis l'Afrique. Je dois trouver maintenant, il ne pourrait en être autrement. Je remonte dans deux jours pour rendre le camping-car. Du côté de Séville, un Anglais en caravane croisé au camping de la ville me parle d'une région au sud de Cadix, un endroit sauvage connu surtout des Espagnols. À cause du vent qui peut secouer fort et éloigne les touristes à la semaine. On est juste avant le détroit de Gibraltar qui sert d'entonnoir à de brûlantes brises du Sahara qui y soufflent à intervalles réguliers. Un paradis pour amoureux du surf, la mer roulant et s'emportant au rythme de ces vents de tempête, ce qui justifiait son passage dans ce coin. Un paradis hippie comme à la grande époque, m'explique-t-il. Évidemment, le descriptif résonne en moi et me voilà déjà sur la route, Snap ronflant dans la cabine arrière.

Je passe Cadix et je ne suis pas impressionné. Des marais salants, un horizon sans relief et des bâtiments moches et mal entretenus. Ça sent la misère et la tristesse au soleil. Mais tout d'un coup, au détour d'un tournant, le paysage change. Des collines apparaissaient. Luxuriantes. Façon Toscane, mais surmontées de forêts de feuillus ou de pins parasols. Les sols desséchés laissent la place à un maquis où le vert est parsemé des couleurs criardes de millions de fleurs sauvages. Bleues, jaunes, roses ou blanches. Des oliviers centenaires somnolent au soleil. Certaines parcelles sont cultivées et pour certaines vont jusqu'à l'océan que j'aperçois au loin, étonnamment turquoise et bien évidemment déchaîné comme je l'avais rêvé. Je m'approche d'un village qui n'en est pas vraiment un. Pas de place ou d'église, juste de petites maisons blanchies aux volets peints en bleu qui s'étirent le long d'étroits chemins de terre qui semblent avoir poussé sauvagement, sans aucune logique urbanistique. Certaines sont chapeautées de chaume. Pour les protéger du vent, les jardins sont fermés par des murs arrondis derrière lesquels on devine une nature luxuriante, bananiers, orangers, cascades de bougainvilliers et vignes où s'ombrager. Au fur et à mesure que je m'approche de la plage qui borde ce hameau hors du temps, les *casitas* laissent la place à des prairies où s'ébrouent de splendides chevaux andalous protégés du soleil par les branches des acacias qui entourent les parcelles. Au loin, derrière une rangée de bambous, on entend le rugissement de l'eau qui se fracasse sur la plage. Elle est quasiment déserte, formant une jolie baie bordée par des palmiers et un mignon *chiringuito*, une buvette de plage typique, fermée jusqu'aux beaux jours. Il y a déjà quelque chose d'africain dans ce littoral immaculé et l'océan trop bleu. Je ramasse de petites conques nacrées échouées sur le sable. Une femme bronzée en tunique indienne promène trois chiens dont la mine me dit qu'ils ont été sauvés de la rue. Elle s'approche et me sourit. Snap bondit et fait la fête à ces camarades inattendus. L'air est doux et la brise parfaite. Un phare majestueux se dresse au loin face à des côtes qu'on devine lointaines. Il m'indique que je suis arrivé à bon port. C'est une évidence, tant je me sens aligné. Alors, avec les trois mots d'espagnol que j'ai dans mon vocabulaire, je demande à la femme le nom de ce paradis que je n'espérais plus. Zahora, me dit-elle, à l'espagnole, en sifflant le Z et en roulant le R comme pour adoucir l'ensemble et le rendre encore plus mélodieux à mes oreilles. Zahora. Avec un Z comme Zoé. Et *ahora* qui, en espagnol, signifie maintenant, l'instant présent.

II

Mais qu'est-ce que je fous dans cette galère ? Dehors, la tempête fait rage et les branches des arbres viennent griffer la toiture branlante. L'eau suinte des murs de la vieille maison, qui agit comme une éponge face aux éléments qui se déchaînent. Au loin, j'entends le rugissement de l'océan qui n'en finit plus de hurler sa colère alors que j'essaie de me réchauffer tant bien que mal auprès du petit poêle antédiluvien qui peine à assécher l'atmosphère saturée d'humidité. Snap tremble légèrement, mais ne se plaint pas. Je mesure la chance de l'avoir comme compagnon, fidèle quoi qu'il arrive. Parce que je n'en mène pas large dans mon paradis ibérique où j'ai désormais pris mes quartiers mais où je ne connais évidemment personne. Le hameau est désert en cette fin d'hiver et pas un des rares habitants ne parle français ou anglais, alors je tente de baragouiner un espagnol que je ne maîtrise pas encore et je m'isole toujours un peu plus. Sans doute en ai-je besoin. D'aller au bout de ce voyage avec moi-même, seul avec ma conscience et ma nouvelle réalité.

Avec le chien nous explorons chaque jour les incroyables paysages qui s'étendent de part et d'autre du tombolo d'où s'élance le phare de Trafalgar. C'est ici, face à cette nature sauvage, qu'a eu lieu la fameuse bataille entre les troupes de

Napoléon et celles commandées par Horatio Nelson. Massacre au paradis. D'un côté, Zahora, mon petit village qui borde de longues plages de dunes, de l'autre, Los Caños de Meca, d'où surgissent des falaises qui cachent de jolies criques abritées du vent. Et tout autour, des millions de pins parasols qui forment une réserve naturelle débordante de vie qui s'étend jusqu'à Vejer, petit pueblo blanco millénaire dont les ruelles tortueuses et étroites s'étirent en haut d'une colline. Ce lieu à part et son énergie vibrante m'invitent à la méditation et la contemplation. De plus en plus, je ressens en m'immergeant en pleine nature ce besoin vital de me connecter à elle. De ne faire qu'un avec la Terre mère. Je redécouvre, pieds nus dans le sable, la paix dont elle m'inonde. Je m'ancre à ce littoral que mon cœur a choisi. Je me recharge en me collant contre l'écorce d'arbres centenaires qui semblent chuchoter à mon âme. Lentement, j'acquiers un autre regard sur ce qui m'entoure, plus subtil, plus conscient. Le divin m'apparaît dans tout : la magnificence d'une fleur, le bruit d'un oiseau... Me confirmant qu'il y a quelque chose de plus grand que je commence enfin à percevoir. Qu'en réalité la beauté est partout, même dans ce qui peut sembler être le plus grand chaos. C'est l'ego qui a besoin d'ordre et de logique. Son ordre et sa logique. L'Univers a les siens. C'est juste une question de point de vue, de perception. Je comprends qu'il suffit de changer ma vision du monde pour que celui-ci prenne d'autres couleurs, que tout ce à quoi je porte de l'attention grandit et, inversement, ce qui n'obsède plus mon mental se désintègre. Instantanément. Que je crée chaque jour ma propre réalité. Mon propre enfer ou mon paradis.

Ces moments loin du tumulte et des stimulations permanentes dont j'avais fait mon quotidien me permettent aussi de me réconcilier avec le vide, cet état d'être qui peut paraître si anxiogène dans notre société suractive, incapable de s'aligner sur l'instant présent. Au cœur de ces paysages sublimes, je comprends avec de plus en plus d'intensité que mon bonheur n'est finalement pas tant à l'extérieur qu'à l'intérieur. Qu'à force de chercher en dehors, j'avais fini par oublier que la clé était en moi.

Bien sûr, aucun maître n'est là pour m'enseigner le chemin de cette nouvelle conscience. Mais même dans mon bled du bout du monde, il y a Internet et, tout d'un coup, je ne suis plus seul. J'y découvre que ce que je vis n'est pas si exceptionnel, que c'est une quête de sagesse plusieurs fois millénaire vécue par beaucoup d'êtres humains un peu partout dans le monde, quels que soient les religions ou les courants philosophiques. Tous les prophètes, de grands sages ou des intellectuels, ont appelé à l'éveil, concept spirituel universel, chacun y apportant ses nuances. On le retrouve chez Platon ou Spinoza. C'est le moment de la libération pour les hindous. Bouddha en a fait un but auquel aspirent tous ses disciples. Mise à part la question de la réincarnation qui fait débat, cette notion d'éveil, de retour à notre véritable nature, est présente aussi dans la tradition musulmane, en particulier chez les Soufis qui en parlent comme d'une seconde naissance. Dans le judaïsme également et, bien sûr, le christianisme. Les paraboles utilisées par Jésus sont celles d'un maître éveillé.

Ces idées qui ont donc traversé les âges et les cultures ont été reprises aujourd'hui par un mouvement qu'on pourrait qualifier de New Age, sans le dogme religieux considéré, souvent à juste titre, comme culpabilisant, voire aliénant. La conviction qu'il y a quelque chose en nous qui nous transcende et dépasse notre petit personnage est couchée aujourd'hui dans une littérature impressionnante. Eckhart Tolle, maître du genre, en a fait le sujet de ses best-sellers *Le pouvoir du moment présent* et *Nouvelle Terre*. En dévorant ce dernier, j'ai souligné avec délice le passage où il évoque l'ego et la célébrité : « La surévaluation absurde de la célébrité n'est qu'une des manifestations de la folie de l'ego dans notre monde. Certaines personnes célèbres font l'erreur de s'identifier à la fiction collective, à l'image que les médias ont créée d'eux, et ils commencent effectivement à se sentir supérieurs aux autres mortels. Résultat ? Ils s'aliènent de plus en plus d'eux et des autres, ils sont de plus en plus malheureux et de plus en plus dépendants de leur popularité. » Ma fuite en avant était donc une question de survie...

Ce qui est nouveau, c'est l'ampleur que semble prendre cette nécessité d'un retour au vrai soi. Des dizaines de sites me parlent d'un éveil collectif sans précédent dans l'histoire de l'humanité, la crise sanitaire mondiale ayant obligé bon nombre d'entre nous à faire enfin une pause dans le tumulte, à se poser les bonnes questions, celles qu'on n'arrivait pas à aborder alors qu'on était emportés par le flux incessant de notre existence conditionnée. Nous venons d'entrer dans l'ère du Verseau, celle du collectif, de l'unité *versus* l'individuel. Il n'y a donc pas de hasard. Il est bon d'apprendre que je ne suis pas le seul, que je ne deviens pas fou. Que d'autres ont décidé de faire le ménage dans leur tête et dans leur vie, cherchant un sens à leur existence dans cette société qui n'en a plus. Que chaque illumination en provoque d'autres dans une sorte de contagion mondiale. Amusant, on ne parle plus tant d'éveil que de passage de la 3D à la 5D, nouvelle terminologie de notre siècle pour désigner la même évolution. Cette élévation spirituelle qui permet donc de passer de notre monde uniquement basé sur le matériel, la 3D, vers une dimension plus subtile, voire divine, détachée de l'ego et de ses blessures, où seuls comptent l'unité avec le Tout, la lumière et l'amour, et qu'on appelle désormais la 5D. La 4D étant un état intermédiaire où je me reconnais, puisqu'on ne devient pas Gandhi en un jour. Mais par moments, quand l'extase est là et que mon cœur s'expanse, il m'est possible d'atteindre cette cinquième dimension, avant de retomber inévitablement les deux pieds, de préférence bien ancrés, dans la matérialité qui constitue l'expérience de mon incarnation. Il n'y a pas d'état permanent, juste une prise de conscience et une façon d'être à intégrer qui sont la clé de cette évolution. Passer d'un état à un autre en fonction de ce que la Vie propose et de la façon dont le mental l'accueille est un processus logique, le but étant, par la pratique, de s'approcher le plus souvent et le plus longtemps possible de l'élévation, de l'ouverture du cœur, qui permet la connexion avec ce qu'il y a de plus grand en moi. Alors, je navigue entre ces phases où la gratitude et l'amour résonnent et où ma vie reprend des couleurs et d'autres, plus quotidiennes, où je me laisse aspirer par mes préoccupations égotiques qui créent mon propre cauchemar. L'éveil est un chemin vers soi permanent, progressif et sans fin.

Page après page, j'intègre les étapes de ce bouleversement que je suis en train de vivre. Il y a d'abord eu le désarroi face à mes certitudes qui tout d'un coup s'écroulent, l'immense remise en question qui m'a mené jusqu'ici. L'envie souvent de refermer les yeux sur ce qui s'est révélé à moi pour revenir à mon avant tellement plus confortable mais qui ne semble plus possible. Ce nouveau regard sur un monde que je savais mal en point mais qui me paraît aujourd'hui tellement fou, tellement éloigné de notre véritable nature. Ce sentiment d'impuissance, de sidération qui s'impose. Je comprends alors que ce que je traverse est une étape normale quand commence ce processus de dissociation avec l'ego. C'est la nuit noire de l'âme. Quand tout à coup l'illusion de notre vie apparaît à la surface et qu'on a l'impression que tout s'effondre autour de nous. Une sorte de grand vide proche de la dépression.

J'apprends aussi à apprivoiser une terminologie nouvelle. Taux vibratoire, pouvoir créateur, loi de l'attraction, connexion avec la Source, dettes karmiques ou anges gardiens... J'ai parfois l'impression d'être face à un grand bazar où se mélangent le meilleur et le pire de toutes les traditions. Petit à petit, les algorithmes de YouTube me font perdre pied. Des messages d'extraterrestres s'affichent sur mon fil. Ce sont les Galactiques, Acturiens ou Pléadiens, qui observeraient les Terriens depuis des siècles pour s'apprêter enfin à venir nous sauver de la terrible guerre qui voit s'affronter dans un ultime combat les forces de l'ombre et celles de la lumière. Des allumés me retournent le cerveau et des médiums m'annoncent la fin du monde imminente. Pas la fin de notre civilisation qu'on perçoit tous à plus ou moins long terme. Carrément l'apocalypse prophétisée depuis si longtemps. Avec trois jours d'obscurité et tout le tintouin. Et je finis par vouloir y croire, tellement je suis perdu face à ces nouvelles perceptions sur lesquelles j'essaie désespérément de mettre des mots. À deux mille kilomètres de Zahora, ceux qui m'aiment se font du souci et ils ont raison. Comme je n'ai quasiment plus rien à quoi m'accrocher, je me suspends à n'importe qui ou n'importe quoi. Je me laisse submerger par des discours fanatiques et obscurs. J'en viens à croire n'importe quel prédicateur qui surfe sur la vague de l'éveil et prophétise les pires horreurs. C'est bien de s'éveiller, mais il est peut-être temps que je me pose aussi.

La tempête qui s'éloigne a laissé derrière elle un océan déchaîné. Des vagues énormes s'écrasent sur le promontoire rocheux depuis lequel s'élève le phare de Zahora. Des rafales de vent emportent le sable qui vient griffer mon visage alors que je marche avec Snap sur la longue plage déserte. Pourtant, elle me semble comme habitée. Ce qui me semble être des voix aux accents métalliques me parviennent aux oreilles, sauf qu'il n'y a personne. J'entends des grésillements, comme des suppliques émises sur une onde lointaine. Je suis Jeanne d'Arc en terre espagnole. Je ferme les yeux et je me sens poussé à faire acte de contrition. À demander pardon. Pour qui ou pour quoi, je n'en sais rien. Que suis-je venu faire ici ? Pourquoi mon âme m'a-t-elle guidé jusqu'à ce rivage qui me semble si familier alors que je n'y suis jamais venu auparavant. En tout cas pas dans cette vie. Se pourrait-il que, comme ceux de milliers de marins et d'officiers, mon corps sans vie se soit échoué sur l'un des rochers qui émerge de cette eau bouillonnante ? Pas hier. Il y a un peu plus d'un siècle. J'ai parfois envie d'y croire.

III

J'ai laissé les clés de ma cabane près de la plage aux mains de Carlos, un enfant du coin. Plus artiste qu'artisan, travailleur consciencieux et passionné, c'est à lui d'en faire le refuge de mes rêves le temps de quelques rénovations que je surveillerai à distance tout en perfectionnant mon espagnol. J'ai confiance. Question d'intuition. Il y a quelque chose dans son regard doux et un peu triste qui m'inspire cela. Des yeux bleus comme un pied de nez dans ce pays où coule le sang des Maures, comme s'il descendait d'un des rescapés de la terrible bataille restés accrochés à cette terre.

L'esprit tranquille, me voilà donc de retour au pays où le printemps tarde comme toujours à montrer vraiment le bout de son nez. Je suis rentré pour veiller sur Maman qui commence sérieusement à décliner. Ses addictions ont fini insidieusement par lui ronger le cerveau jusqu'à un point de non-retour et elle a besoin d'une surveillance de plus en plus constante. J'en viens parfois à souhaiter son départ tant je vois sa souffrance grandir à mesure de son délabrement. On ne devrait pas voir ceux qu'on aime s'en aller si douloureusement vers la mort.

J'ai pris la décision de déménager en dehors de la ville pour garder ce contact avec la nature dont je ne peux plus me passer. C'est devenu vital, essentiel. De ne plus partager mon quotidien avec Jean aussi. Cela fait presque trois ans que nous nous tournons autour en nous reniflant sans réussir à rompre le lien. Trop d'amour. Trop d'attachement. Et pourtant, nous ne vibrons plus pareil. Nous avons encore tous les deux des choses à régler, en nous et entre nous. Alors, je préfère continuer à m'éloigner, en douceur, sans rupture ferme et définitive. Parce que je n'aime pas l'idée de rompre avec lui. Jean fait partie de moi. Il est de ma famille et il en sera toujours ainsi. Séparés mais inséparables ?

La maison que je loue est parfaitement en phase avec mes nouvelles aspirations. C'est une ancienne chapelle à l'orée de la forêt, avec ses murs de briques peints en blanc soulignés d'une bordure noire. La voie est sans issue et les voisins loin des regards. Il n'y a que la nature qui s'invite partout. Un escalier étroit mène à l'étage sous pente, sorte d'immense grenier réaménagé en studio moderne et fonctionnel. Une lumière quasi divine perce les baies. La nuit, c'est la lune qui vient éclairer mon sommeil en passant son nez par une fenêtre de toit judicieusement placée au-dessus de mon lit. C'est Beth, encore elle, qui m'a trouvé ce lieu de guérison. Un chaman habitait les lieux avant moi, il a soigné beaucoup d'âmes égarées ici. Cette chapelle est une sorte de vortex, un lieu hautement énergétique.

Ce nouveau chez moi, tellement aligné avec ce que je suis en train de devenir, est un miracle de plus dans ma vie qui reprend enfin des couleurs. Et ils sont de plus en plus nombreux à mesure que ma conscience s'éveille et que j'élève mes vibrations. J'ai compris que tout vibre, tout est énergie dans l'Univers, et pas seulement ce qui s'anime. Mes pensées, mes actions et mes paroles sont aussi énergie. Sans même m'en rendre compte, j'attire et je crée ce que j'émets. C'est la loi de l'attraction. Un sourire attire d'autres sourires, alors que je ne risque pas d'en recevoir beaucoup en retour si je vibre la colère ou la mauvaise humeur. Logique et imparable. Mais cela va bien au-delà. Imaginons que j'incarne jour après jour la peur de manquer. Sans le savoir, j'envoie une demande liée à ce manque à l'Univers qui me renverra toujours ce que j'émets. Et l'abondance sera absente de ma vie. Si je juge, on me jugera. Si j'attise la haine, elle me reviendra en boomerang. Si la peur imprègne quotidiennement mon existence, aucune raison qu'elle disparaisse de ma vie. À moi de vibrer différemment, plus haut, et de créer autour de moi un monde en alignement avec cette énergie vertueuse. Tout circule et me revient, que ce soit matériel ou immatériel. Faire un don, avec le cœur, l'envie d'apporter à l'autre et non pas pour se donner bonne conscience ou flatter d'une façon ou d'une autre son ego, et il me reviendra tôt ou tard. C'est la clé. Cela peut paraître un peu simpliste mais ça fonctionne, et j'en suis le premier surpris. Il faut juste incarner ce que l'on souhaite, dans l'instant, sans attente, et si c'est aligné au cœur, les miracles surviennent. Certains grands sportifs l'ont bien compris lorsqu'ils se visualisent en train de remporter une coupe, de façon tellement habitée qu'ils créent déjà leur futur. La technique fonctionne. Alors, plutôt que de voir le verre à moitié vide comme c'était mon cas avant, j'essaie chaque jour d'amener un peu plus de lumière à l'intérieur et donc autour de moi. Je m'éloigne ou en tout cas je ne rentre plus dans le jeu des personnes blessées qui jalousent, jugent et envient. Je manie à chaque instant la gratitude, et j'ouvre les yeux sur tous les petits ou grands cadeaux que m'offre chaque jour l'existence. Un paysage, une attention, un geste amical sont autant de raisons de dire merci. Je distille le plus possible bienveillance, amour et compassion, sans jugement, sans *a priori*, et surtout sans désir de retour, ce qui serait une nouvelle fois une manifestation de l'ego. Je ne force pas. J'ouvre juste mon cœur qui grandit à chaque fois. Je continue à m'informer sur le monde mais avec parcimonie et beaucoup de recul pour éviter de me laisser contaminer par la peur. Car en alimentant en permanence mon cerveau de mauvaises nouvelles qui pour la plupart n'auront aucun impact sur ma vie ou celle de ceux que j'aime, je laisse s'infiltrer une anxiété qui me gangrène. Et finalement, je crée autour de moi un monde à cette image.

Paré de cette nouvelle vision, je construis lentement mais sûrement ma nouvelle réalité. Il y a ce nouveau refuge en parfaite adéquation avec qui je suis aujourd'hui, mais aussi toutes ces belles âmes qui entrent peu à peu dans ma vie. Des êtres qui apparaissent sur mon chemin, parfaitement en phase avec le nouvel homme que je deviens et pour qui je n'aurais sans doute même pas eu un regard il y a quelques années de cela, et eux non plus. Je ne vais pas les chercher, puisqu'ils viennent à moi, par attraction. Toujours cette question de vibration. Et toutes sont là pour une raison, puisque je sais désormais qu'il n'y a pas de rencontres mais seulement des rendez-vous. Ce sont même des retrouvailles d'âme avec certaines, comme si, dans une vie précédente, nous nous étions aimés et promis de nous revoir. Nos regards se croisent et nous amènent à la certitude qu'on s'est toujours connus et qu'on ne se lâchera plus. Étrange sentiment qui se joue en une seconde à travers les yeux d'une personne que l'Univers met sur ma route.

Il y a d'abord eu Murielle dont le cœur est habité par l'envie de changer le monde. C'est une femme de convictions et d'engagements, tenace et rêveuse, petit ange blond que la vie n'a pas toujours épargné mais qui a réussi à transformer ces épreuves et à en faire sa force. Nous nous étions déjà croisés dans ma précédente vie médiatique. Et voilà qu'elle m'appelle pour m'embarquer dans un projet télé, porteur de sens et de solutions. Je ne voulais plus entendre parler du petit écran. Je ne voulais pas retomber dans mes travers. Mais elle a su trouver les mots pour me rassurer et, en douceur et sans abandonner, réussir à vaincre mes résistances et mes inquiétudes. Pourquoi en effet tourner le dos à ce que je sais faire de mieux, communiquer, transmettre, si la cause est vertueuse ? Elle veillera, je le sais, à ce que mon retour face aux caméras se fasse désormais pour les bonnes raisons. Je lui dois cette réconciliation.

C'est Murielle qui m'a présenté Michel. Nous nous étions déjà croisés mais pas encore reconnus. Je le sais mon frère aujourd'hui. Nous nous griffons parfois, mais l'amour est là. Michel est un économiste du nouveau monde. Les mains dans le cambouis, il fait partie de ceux qui construisent aujourd'hui la société de demain, juste, respectueuse et fraternelle. Il a le grain de folie des éclaireurs visionnaires. Avec un enthousiasme presque enfantin tant il peut paraître naïf dans notre monde de dualité, il rassemble toujours plus de rêveurs autour de sa vision pour la concrétiser avec lui. Un peu partout sur la planète, il donne à d'autres les clés pour bâtir en toute autonomie ce qu'il appelle des « îlots de régénération ». Des lieux de résilience où l'humain produit en harmonie avec la terre qui l'entoure et le nourrit. Où les ressources sont respectées et valorisées, tout comme ceux qui les travaillent. Où l'humanité, le partage et le respect sont une profession de foi. Une utopie pour éviter la dystopie annoncée mais qui, année après année, devient réalité pour des milliers d'hectares et d'individus à travers le monde. Il en faut du courage pour être ce David des temps nouveaux. Respect Michel !

J'ai aussi croisé la route d'Énéa, sorte de Pocahontas en mode sorcière bien-aimée. D'une beauté incroyable, un peu indienne, un peu gitane, magnifiée par de longues robes fleuries et des plumes en guise de boucles d'oreilles. Et de grands yeux d'un noir profond dans lesquels on se noie. Énéa a fait des énergies sa profession. Avec ses mains et son cœur connectés à l'invisible, elle les réorganise et les nettoie pour qu'il n'y ait plus que la lumière qui circule à travers les chakras de ceux qui font appel à elle. Depuis toute petite, elle se sait passeuse d'âmes. Elle libère les entités perdues entre deux mondes et les aide à cheminer de l'autre côté. Elle n'a pas choisi, cela s'est imposé à elle. Mais sa mission est aussi auprès des vivants, quand tout à coup ils s'éveillent à une autre conscience. C'est pour cela qu'elle s'est trouvée sur mon chemin. Pour me guider, m'expliquer, apaiser mes craintes. Je crois que je suis un peu tombé amoureux d'elle. Transfert classique, comme chez le psy. Ou souvenir fugace d'une ancienne vie. Elle est désormais de ma famille et je veux la protéger moi aussi. Car, comme beaucoup de ces êtres de lumière qui sont entrés dans ma vie, Énéa n'arrive pas à se glisser dans le moule de ce monde qu'elle n'a jamais compris. Nos retrouvailles étaient écrites, c'est une certitude.

Paul était là au tout début de mon questionnement. Même genre de parcours. Même sexualité et même genre de famille dysfonctionnelle. Lui aussi vit un éveil, mais tourné vers le Christ. La religion a été pour Paul le moyen d'entrer dans la lumière et de donner un sens à une vie qui n'en avait pas ou trop peu. Pendant de longues promenades en forêt, nous avons disserté, philosophé. Après avoir cheminé vers Compostelle et vécu de nombreuses retraites en silence dans des monastères séculaires, il a été gagné par une foi de plus en plus forte qui s'est transformée en appel. Il a finalement fait le choix d'embrasser la prêtrise et de se consacrer à Dieu. Je sais qu'il n'est jamais loin quand je me perds parfois dans mes questionnements et, même si nos routes vers l'apaisement de nos âmes ne sont pas toujours alignées, qu'il sera toujours là pour partager avec moi sa sagesse et sa grande érudition.

Et puis il y a Hannah...

IV

Maman est morte la semaine dernière. Plus jamais personne ne m'appellera son Thominou… J'étais en Espagne depuis dix jours quand mon téléphone a sonné un peu avant l'aube. Je n'ai pas eu le temps de décrocher, mais je savais. Avant même d'entendre la voix de l'infirmier enregistrée sur ma messagerie. J'étais prêt. C'est Julie qui avait pris le relais auprès d'elle. J'avais passé tout l'été à ses côtés, mais cela n'allait plus du tout. Je ne voulais pas assister à l'agonie de celle que j'avais tellement aimée d'un amour un peu masochiste, surtout à la fin de sa vie. J'ai toujours eu cette fidélité envers celle à qui je devais la vie. Elle perdait vraiment la tête la dernière fois que j'étais à son chevet. Elle me reconnaissait encore malgré ses absences, mais elle était totalement inconsciente de l'endroit où elle se trouvait, cette triste chambre en gériatrie qu'elle partageait avec une autre vieille femme complètement partie. Entre deux moments de sommeil et dans un éclair de lucidité, elle m'a demandé si elle allait bientôt mourir. Je lui ai dit oui et j'ai pleuré. Je n'allais pas nier une évidence qu'elle était la première à comprendre. Elle ne pleurait pas. Elle semblait résignée. Ou déjà ailleurs. Elle me parlait de son oncle que je n'avais jamais connu et qui venait lui rendre visite la nuit. Elle avait un pied de l'autre côté du miroir, même si elle ne voulait toujours pas croire à cette éventualité. Je lui ai quand même demandé de me faire un signe une fois là-bas. On a convenu que ce serait sous la forme d'un grand oiseau blanc qui viendrait me rendre visite. Ça l'a fait rire. En la quittant, je l'ai regardée depuis le couloir en tentant d'imprimer la dernière image que j'aurais d'elle. Elle s'était déjà rendormie. J'avais la certitude chevillée au corps que je ne la reverrais plus vivante, mais j'étais en paix. Nous nous étions pardonnés, remerciés, et seul l'amour subsistait.

Jean me tient la main alors que nous remontons l'allée qui mène au crématorium. Encore lui, toujours lui. Présent quoi qu'il arrive. Ma peine se révèle beaucoup plus grande que je ne l'avais imaginé. Un étrange sentiment de solitude m'a envahi. Comme un petit garçon qui se perd dans la foule parce que sa maman a subitement lâché sa main. Au loin, j'aperçois la famille et les anciens amis de ma mère. Ils ont tous fini par s'éloigner d'elle au fur et à mesure de son délabrement, la laissant finir sa vie dans un isolement qu'elle avait elle-même provoqué et souhaité. Mais ils sont tous là, du moins ceux qui ont survécu, comme les revenants d'une autre époque. Et au milieu de cette bande de soixante-huitards embourgeoisés que les années n'ont pas toujours épargnés, je le vois. Il me fixe en train de m'approcher, un drôle de rictus affiché sur sa face métissée. Maurice. Sorti de nulle part, invité par d'autres. Je me fige en un instant et mon corps se liquéfie. Dans un geste que je ne contrôle pas, je serre la main de Jean à lui faire mal et, plutôt que de rejoindre les invités qui nous attendent, je le tire vers le cimetière qui se trouve juste à côté. Celui où reposent les cendres de Zoé. Comme un réflexe de survie. La proie qui fuit son prédateur.

Avec son immense sensibilité en guise de radar, Jean comprend tout de suite même s'il n'a jamais vu l'ogre qui a bousillé une grande part de ma vie. Il sait ma blessure encore béante. Son bras enserre mes épaules dans un geste protecteur et c'est comme s'il me portait jusqu'à la tombe de ma petite sœur. Elle est accolée au mur d'enceinte, cachée derrière d'austères caveaux, îlot de couleurs au cœur d'une mer de granit. Un artiste y a posé sa patte en réalisant à même la pierre une mosaïque en carreaux de verre colorés représentant une cigogne s'envolant vers le soleil couchant. L'oiseau qu'elle a choisi pour nous rappeler son amour ce jour d'été pas comme les autres quatre ans plus tôt. Plus qu'un tombeau, un hymne à la vie au-delà de la mort, un phare dans la nuit. Pour nous et pour ses enfants. Pour que sa lumière ne faiblisse jamais et que nos souvenirs d'elle ne soient pas emportés par l'usure du temps.

Ma sœur me parle. Je la sens au plus profond de moi. Elle m'envoie la force nécessaire pour affronter ces visages sortis de ce passé dont je ne veux plus. Ce passé qui l'a tuée insidieusement. Saluer une dernière fois avant de pouvoir enfin tourner la page. Définitivement. Elle est à mes côtés. Et Nico aussi. Mon grand frère a tout suite saisi mon trouble et se transforme en gardien. Il a fait passer un message clair et ferme à l'importun, lui intimant de ne surtout pas m'approcher, de ne pas m'adresser la parole. Sans autres explications. Maurice a fait mine de ne pas comprendre. Peut-être a-t-il oublié ce qu'il m'a fallu quarante ans à digérer ? Un moment d'égarement est si vite passé. Je perçois qu'il continue à tenter de capter mon regard, mais c'est comme si une barrière invisible l'empêchait de m'atteindre. Autour de moi tout est flou. Quelque chose ou quelqu'un me porte et me renforce, et je suis prêt à dire adieu à ma mère. En paix. Juste elle et moi.

L'hommage est beau. Réparateur. Tendre et sans hypocrisie. J'ai parlé du coquelicot qu'on avait cueilli ensemble pour orner la première page de l'herbier qu'elle m'avait aidé à réaliser. Je devais avoir six ans. J'ai raconté quand on jouait à la machine à bisous qui se transformait en machine à fous rires. Je me suis souvenu de nos virées dans le vieux cimetière voisin pour y dessiner de vieux caveaux romantiques envahis par les ronces. J'ai fait l'éloge de cette maman très spéciale à qui je devais tellement de choses finalement. Cela m'a fait du bien et apaisé ma peine.

Le soleil réapparaît quand nous sortons pour rejoindre un café où nous pouvons nous étreindre et évoquer les bons moments qui furent quand même nombreux. Comme souvent après des funérailles, les pleurs laissent la place aux rires. Les enfants jouent sur le parvis. De vieilles connaissances se rappellent à mon souvenir. Il y a de l'amour et de la joie malgré cet au revoir. J'ai comme le sentiment d'un devoir accompli. D'une page qui peut se tourner calmement. Je lève les yeux pour regarder le ciel qui se dégage en pensant très fort à Maman, à la grande beauté de sa jeunesse, son sens du goût, son humour imparable. Je ne veux garder d'elle que le meilleur. Toutes ces belles choses qu'elle m'a laissées en héritage. Un drôle de nuage barre encore l'azur. Et alors que je l'observe, il prend la forme d'un grand oiseau blanc qui déploie de larges ailes vers le soleil. Je t'aime si fort Maman.

V

Les funérailles avaient lieu hier et je suis déjà de retour à Zahora. Besoin impérieux de retrouver au plus vite ce nouveau chez moi, tellement plus aligné à celui que je suis en train de devenir. Quitter la grisaille pour le soleil, les basses énergies pour des vibrations plus élevées. Je médite à l'ombre d'un oranger dans le petit jardin protégé de la brise océane par des murs peints en bleu Majorelle et sur lesquels se déversent des cascades de bougainvilliers fuchsia. Au loin, je perçois le rugissement des vagues, presque masqué par les cris des centaines d'oiseaux qui bavassent de branche en branche. Et devant moi, Snap qui se roule de bonheur dans l'herbe. La vieille maison a été complètement transformée. La bâtisse de plain-pied est toute en largeur et devant elle court une loggia. Elle a pris un petit air des Antilles avec son fronton peint du même bleu marocain que les murs d'enceinte et la multitude de pots en céramique de toutes les couleurs qui bordent son pourtour. J'y ai planté des fleurs par dizaines. À l'intérieur de la maison, les hauts plafonds ont été décorés de canisses peintes en blanc. Des lampes en raphia éclairent une bibliothèque en mortier de style méditerranéen, miroir de la cuisine à l'ancienne imaginée par Carlos. Les meubles sont simples, campagnards et peu nombreux, égayés de coussins et de tapis marocains, et de grands ventilateurs taillés dans le bois assurent un peu de fraîcheur dans la chaleur de ce début d'automne.

Assis sur sa monture, Guido vient de passer la tête au-dessus du muret et me salue d'un pouce appuyé sur le rebord de son Stetson en cuir. Sur son épaule, le perroquet qu'il a apprivoisé et qu'il emmène partout avec lui. Encore un original qui a atterri ici et qui n'arrive plus à en repartir. Italien, il s'occupe des chevaux qui paissent dans le champ juste derrière chez moi. On monte ensemble à l'occasion. C'est un ours, Guido, grand gaillard barbu avec un regard dans lequel baigne tant de gentillesse. Il a trouvé ici une forme d'apaisement. Comme moi, et tant d'autres. Ma voisine Lulu chez qui je dîne ce soir ne déroge pas à cette règle. Elle est anglaise, des Cornouailles, débarquée ici sans prévenir pour être auprès de son fils emprisonné plusieurs années pour son implication dans un trafic de shit comme il y en a tant le long du détroit. Bêtise de gamin aux conséquences tragiques. Le choc. La rupture. Elle n'est jamais rentrée, même après la libération du fiston. Elle a laissé son mari sous la pluie. Elle aussi. Incapable de se réadapter à son ancien monde pétri de conventions et qu'elle ne comprend plus. Elle soigne avec des plantes, se console avec des chiens rescapés de la bêtise humaine, apprécie sa solitude. Ce matin, j'ai partagé la tostada du petit déjeuner avec Claus, Allemand né au Brésil, architecte mais surtout complotiste. Je l'adore Claus. Un vieux hippie aux longs cheveux gris sous une casquette crasseuse, visage parcheminé duquel s'extraient des yeux d'un bleu gris métallique qui vous transpercent quand il vous regarde. Je l'ai laissé me parler des Galactiques avec qui il est en contact et qui s'apprêtent à sauver l'humanité, de la guerre entre l'ombre et la lumière, des med-beds imaginés par des extraterrestres qui soigneront bientôt toutes les maladies, de l'énergie libre qui nous attend et de la supercherie qu'est le monde dans lequel on vit. Je l'écoute et bien sûr je ne prends que ce qui résonne en moi. Je le respecte tellement. Bientôt, il vendra sa maison pour établir une communauté autosuffisante en prévision de l'effondrement qu'il pressent imminent. Les terrains sont déjà négociés. Il est prêt pour accueillir les survivants. Un original. Une belle âme.

Une fois encore, je m'interroge sur ce qui nous réunit ici. Sur les raisons de ce lieu pas comme les autres et de ceux qui ont choisi de s'y établir, toutes ces consciences en cours d'éveil. Comme Érik, ce Français qui a quitté une carrière à Paris pour promener ici des lévriers de course en fin de carrière et sauvés *in extremis* de la mort. Sebastian qui a abandonné Munich pour enseigner le taekwondo sur la plage. Eileen, l'Américaine passionnée de yoga. Indira, Alma, José... Et les gens du coin qui vivent en communion consciente avec cette nature superbe qui les entoure. Qui se nourrissent grâce au tourisme mais qui refusent de sacrifier leur terre au dieu argent et aux bétonneuses. Pourquoi ce rendez-vous, cette concentration de lumière dans ce que certains de mes nouveaux amis perçoivent comme une sorte de vortex énergétique ? Quelle mission nous attend ici alors que les consciences s'éveillent et que se profile une nouvelle Terre ? Quelle guérison sommes-nous venus y recevoir ?

Hannah arrive demain à Zahora et je l'ai invitée à venir marquer ma maison de sa patte créatrice. Car Hannah est une artiste pas comme les autres. Au service de la beauté, mais aussi des humains et de la Terre qu'ils habitent. Ses œuvres sont imprégnées d'une vibration de guérison et d'amour. Par l'intention qu'elle y met, les couleurs qu'elle utilise. Elle a vécu longtemps au Tibet dans une communauté où elle a été initiée à l'art sacré des mandalas, ces élégants diagrammes géométriques et colorés qui se déploient autour d'un point central représentant la source de toute chose. Les moines bouddhistes peuvent passer des jours à réaliser ces figures symboliques puissantes en déposant très précautionneusement du sable de différentes couleurs à même le sol. Grain après grain. Une pratique spirituelle qui nécessite patience et introspection. Et détachement, puisque l'œuvre une fois terminée sera détruite pour souligner l'impermanence de toute chose. Ce qui n'est pas l'objectif d'Hannah à Zahora. Elle a une idée bien précise sur la manière dont elle compte sublimer et sacraliser la beauté du lieu en y apposant de façon plus pérenne un peu de son art et de sa lumière. Encore une belle âme que je n'ai sûrement pas rencontrée par hasard.

VI

Accroupie devant l'entrée, Hannah dépose délicatement au sol les fins galets que nous avons ramassés hier sur la plage et qui nous ont valu des coups de soleil et quelques fous rires. Polis par les marées, il y en a de toutes les teintes, de toutes les tailles et de toutes les formes et, si le choix peut paraître cornélien, la main très sûre d'Hannah semble dirigée par quelque chose qui la dépasse. En reprenant son souffle, elle puise en elle l'intention qu'elle entend donner à chaque pierre sortie du sac avant de la poser sur le sable à sa bonne place. Une fine couche de mortier stabilisera ensuite l'ensemble. Lentement mais sûrement, elle compose au pied de la maison une calade, une de ces œuvres d'art minérales ancestrales qu'on peut encore admirer en flânant dans certaines ruelles anciennes de Méditerranée, sublimées par des dessins de galets posés sur chant. La sienne prendra la forme d'une fleur de vie censée protéger mon paradis. Une forme géométrique sacrée qui exprime la beauté la plus absolue, l'harmonie ultime. Sa structure, qu'on pourrait relier au nombre d'or, rassemble tous les éléments essentiels qui sont à la base de la vie. Une fleur qui se déploie, passant d'un embryon en son centre à une graine, puis à un atome... C'est l'Univers en expansion, la vie qui croît et se renouvelle en permanence.

Un symbole puissant qui fascine l'homme depuis la nuit des temps et dont la vibration particulière aura donc chez moi des vertus protectrices.

Hannah est concentrée à la tâche, un grand chapeau de paille sur sa longue chevelure blond vénitien pour protéger sa peau laiteuse des rayons puissants du soleil andalou. Elle porte un petit top blanc sur un minishort rose qui met en valeur ses jolies jambes toutes en courbes. Elle n'est pas très grande et ses yeux clairs et pétillants donnent à son visage un air enfantin. Tout en elle respire la pureté et la joie. C'est un petit soleil à l'air mutin. Un concentré de spontanéité et de bonne humeur. Je la regarde avec tendresse et gratitude depuis la fenêtre de la cuisine alors que je prépare les légumes que nous avons achetés ce matin au marché de Barbate. Le port de pêche est à quelques kilomètres de chez moi. Il faut traverser la grande réserve de pins parasols pour y accéder. Du haut de la colline de sable, on l'aperçoit qui se déploie le long d'une immense baie baignée d'eaux turquoise. De loin, on pourrait voir Rio en miniature tant le paysage est sublime. Mais à mesure qu'on s'approche de la bourgade, l'étonnant contraste entre la petite ville et son habitat naturel devient plus perceptible. Des barres de logements sociaux font face au front de mer, comme un rappel de la pauvreté qui mine cette région sans travail et sans grandes perspectives, à part l'océan à l'infini. Ici, on pêche le thon ou on vit du peu de tourisme ou d'aides sociales. C'est une terre de rudesse malgré ses airs de paradis. Trafics en tout genre et corruption font partie du décor. Le général Franco y passait ses vacances. Le nom du dictateur a d'ailleurs longtemps été accolé à celui de la cité. La légende raconte qu'il aurait offert des terres à ses amis allemands après la guerre, juste un peu plus loin, face à la plus belle plage de la région, la playa de los Alemanes.

Niché au cœur de la ville, le marché couvert est un spectacle qui se renouvelle chaque matin, avec son plafond recouvert d'une fresque criarde représentant les fonds marins et ses petites échoppes devant lesquelles se presse une faune bigarrée attirée par les cris gouailleurs des marchands enthousiastes. Des fruits et des légumes brillants et colorés font de l'œil aux chalands en débordant presque des petits carrés loués par les producteurs locaux. Et plusieurs poissonniers, bottes en caoutchouc aux pieds, aiguisent leurs couteaux sur leurs tabliers en plastique tout en faisant de l'œil aux mères de famille venues s'approvisionner en produits de la mer. Le thon est évidemment partout. C'est le produit phare, la fierté de la région. J'en ai choisi deux belles tranches qui feront ce soir un aller-retour sur la grille du barbecue pour le plus grand bonheur de nos papilles. Pour faire honneur au travail d'Hannah et tout l'amour qu'elle y insuffle.

Après nos emplettes, nous avons petit-déjeuné dans l'un des bistrots qui bordent le mercado. La traditionnelle tostada au jambon agrémentée d'huile d'olive et de purée de tomates, accompagnée d'un jus d'orange pressé et d'un café au lait. Attablés à la terrasse, nous avons pu profiter du spectacle. Une vraie cour des miracles s'est animée sous nos yeux : marchands à la sauvette aux étals remplis de contrefaçons, vendeurs de billets de loterie qui tchatchent avec leurs clients dans ce patois local si nasillard, vieilles dames que le soleil et l'air marin ont rendues sans âge, jeunes racailles en survêt qui se la jouent macho, hommes un peu rustres qui parlent fort et s'invectivent, et quelques clochards qui font la manche pour se payer leur verre de bière à dix heures du matin. Nous les avons regardés en souriant mais sans jugement, les yeux pleins d'une joie quasi enfantine face à ce grand théâtre à ciel ouvert. L'humanité dans toute sa beauté la plus vivante.

C'est le milieu de l'après-midi. Laissant les légumes se dorer au four, je m'approche d'Hannah un grand verre d'eau à la main. Le soleil cogne et je me dois de prendre soin de l'artiste en résidence. Concentrée sur sa fleur de vie qui peu à peu prend forme, elle sursaute à mon approche. Elle déploie ses jambes engourdies et se colle presque contre moi, ses yeux rieurs dans les miens. Lentement, sa jolie bouche s'approche de la mienne, comme une invitation à laquelle je ne m'attendais pas vraiment. C'est une surprise sans en être une. En fait, je n'espérais que cela et elle l'a bien compris. Encouragé, je me penche lentement vers elle et je pose mes lèvres sur les siennes, d'abord timidement, puis, stimulé par son regard qui ne laisse plus aucun doute, avec de plus en plus d'intensité. Sa bouche est sucrée et sa langue tellement plus douce que celles des hommes que je connais. Ses longs cheveux chauffés par le soleil ont une odeur de pomme à la cannelle et mes doigts glissent sur sa nuque à la peau fine et brûlante. Emporté par mon excitation, j'ai peur d'être trop brusque, mais Hannah a du répondant. Je sens contre moi sa chaleur, l'intensité grandissante de son désir qui monte au diapason du mien. J'ai l'envie pressante d'explorer son corps, de caresser ses courbes et de me perdre en elle. De goûter à ce territoire méconnu qu'elle m'offre en cadeau. Je la prends donc par la main pour l'emmener jusqu'à ma chambre où je la déshabille avec une immense délicatesse pour ne pas perdre une miette de ce qui se dévoile sous mes yeux.

Hannah sourit. Je sens son plaisir s'intensifier sous mes caresses. J'ai envie qu'elle me guide, mais ce n'est pas nécessaire. Comme si le mode d'emploi était déjà engrammé en moi. C'est à la fois si différent de ce que je connais et en même temps pas tant que ça. Les gestes me viennent naturellement. Je ne calcule rien, je me laisse guider par mes sens. Hannah n'est pas ma toute première femme, pourtant je découvre autre chose avec elle, une dimension nouvelle. Une forme d'amour que j'avais déjà effleurée pendant ma séance de tantra avec Eva en Inde. Hannah appelle cela la sexualité sacrée. Quand les désirs des corps et des cœurs s'harmonisent. Bien au-delà d'une course à la jouissance purement mécanique. Du sexe en conscience, en lien profond avec son partenaire, qui n'est pas transformé en un simple réceptacle de ses fantasmes ou de ce qu'on veut bien projeter sur lui. Une sexualité qui convoque les sens mais aussi l'esprit. Une connexion spirituelle entre deux êtres qui passe par le corps, mais dont la finalité n'est plus obligatoirement l'orgasme mais quelque chose d'encore plus grand, une sorte d'éblouissement. Où la présence à l'autre, mais aussi à soi, permet à un arc-en-ciel d'émotions de s'exprimer. Où il est autorisé et même encouragé de se mettre à nu au sens figuré du terme. Où l'on ne joue plus un rôle. La ligne d'arrivée a bien moins d'importance que la course en elle-même et le temps qu'on y passe. C'est troublant parce que si nouveau pour moi. Puissant. Grandissant.

En m'offrant son corps aussi bien que son âme, je découvre également qu'Hannah a réveillé en moi quelque chose de latent mais encore endormi. Une part de moi qui voulait éclore mais qui ne se l'autorisait pas. Une certaine forme de masculinité qui n'avait pas encore trouvé sa place. Comme si j'attendais que ma mère ne soit plus là pour enfin me le permettre. Cela sonne un peu comme de la psychologie de comptoir et pourtant le timing est là. Ou peut-être est-ce un hasard... Pourtant, avec Hannah dans mes bras, je ressens pour la toute première fois le plaisir que font naître en moi ces polarités qui se rejoignent. Je jouis de nos différences dans l'unité de la chair. Son extrême féminité exalte mon envie de la chérir et de la protéger, mon côté guerrier dans le bon sens du terme. Pas que cela soit impossible avec un autre homme, mais cela m'apparaît magnifié, amplifié avec elle. Et je me surprends à adorer cela. À aimer, plus que je ne pouvais l'imaginer, cette différence dans l'unité.

Hannah et moi passons le reste de la journée en explorations et en découvertes. Dans un temps comme suspendu. Pendant des heures, nous nous relions comme rarement j'ai pu l'être avec quelqu'un. Pourtant, je sais qu'elle partira dans quelques jours. Que ce moment que nous partageons nous unira à jamais, mais que nos chemins n'auront pas la même destination. Le cœur d'Hannah n'est pas pour moi. Je ne le souhaite pas. J'ai encore beaucoup trop à découvrir et pour cela je tiens à ma liberté nouvelle. Ce que nous avons vécu à deux est une sorte de parenthèse enchantée. Comme une initiation. Hannah a tellement d'amour en elle qu'elle est à même d'en offrir en surplus. Et elle m'a fait confiance pour être le récipiendaire de cette lumière dont elle déborde. Elle est pourtant loin d'imaginer à quel point ce présent vient de faire de moi un homme nouveau.

VII

Pour accéder à la dernière plage de Caños, celle de la Pequeña Lulu, il faut emprunter les premiers mètres du sentier de randonnée qui traverse la réserve de la Breña jusqu'à un grand escalier en bois qui descend jusqu'à la mer. D'en haut, la vue dévoile une bande de sable étroite qui serpente le long de la falaise de calcaire, formant de petites criques parsemées de blocs de granit polis par les marées émergeant de l'eau turquoise. Le bleu de l'océan jusqu'à l'horizon, l'ocre du sable qui se prolonge le long de l'escarpement rocheux et le vert des pins parasols qui surplombent l'ensemble sont magnifiés par le soleil de cette fin d'après-midi. Ce littoral porte bien son nom : la costa de la Luz. La côte de la lumière. Au loin, on devine encore les côtes marocaines qui disparaissent dans un halo de chaleur brumeux. Vestige de la grande époque hippie, une petite cabane faite de bric et de broc est comme suspendue dans le vide le long des remparts de pierre. Ici, la liberté est la règle. Depuis toujours. En témoignent les chiens nombreux qui s'ébrouent dans les vagues ou ces musiciens abrités à l'ombre des rochers qui arborent dreadlocks et tatouages, et qui semblent comme enveloppés d'un halo de fumée odorante tandis qu'ils improvisent quelques notes. Le maillot est en option, pour le plus grand bonheur des amoureux de bronzette qui offrent chaque centimètre carré de leur peau au dieu Soleil. La dernière crique est celle des gays. C'est le lieu de rendez-vous. Des Musclor en minislips venus tout droit de Madrid ou de Séville exhibent leur corps patiemment sculpté pendant des heures en marchant main dans la main le long du rivage, l'air faussement blasé devant les regards qui se braquent sur eux. De petites crevettes rougies par le soleil enlacent de vieux andalous poilus au teint chocolat dans l'indifférence générale. On parle fort, on rit, on se séduit dans une ambiance joyeuse et bon enfant, la tolérance érigée en premier commandement.

Je somnole sur ma serviette à l'ombre d'un parasol, Snap à mes côtés, sans perdre une miette du manège qui se déroule sous mes yeux et que je connais par cœur. Ces hommes au regard de chasseurs que je vois escalader les rochers pour accéder aux derniers morceaux de sable abrités des regards en quête d'une âme sœur qui pimentera leur après-midi. Il n'y a pas que la baignade et le bronzage à la Pequeña Lulu. Hannah est rentrée hier au pays. J'ai encore sur les lèvres le goût de sa peau, et ce souvenir me hante et me questionne. Qui suis-je vraiment ? Où dois-je désormais situer mes attirances ? Bien sûr, j'aime encore les garçons. Cela ne fait aucun doute. Peut-être suis-je bi ? En fait, je m'en fiche. Je ne veux pas rentrer dans une case. J'ai compris avec Hannah que ce n'était plus juste un corps que je désirais. Homme ou femme, c'est la rencontre, la connexion, qui désormais m'importe. Je veux pouvoir aimer une personne avant son sexe. Hannah, mais aussi Angela, Eva ou Jen avant elle, sont venues réparer quelque chose en moi qui était comme réprimé. Éteint. Elles m'ont autorisé à enfin l'exprimer. Mais je ne veux pas utiliser le terme de guérison.

Surtout pas. Ce serait donner de l'eau au moulin de ceux qui ont fait de l'intolérance, du rejet des différences, un credo, et ils me font horreur. Ce que je suis en train de vivre est tellement personnel, sans jugement de ce que vivent et ressentent les autres. J'assume qui je suis sous toutes mes facettes car je suis un être unique. Comme nous le sommes tous, loin des étiquettes qu'on veut à tout prix nous coller.

Plus largement, que ce soit pour un garçon ou pour une fille, ma vision de ce que doit être l'amour est en train de changer. J'ai trop longtemps souffert de dépendance affective. Mais ce n'est pas cela l'amour, le vrai. Il doit d'abord passer par soi, c'est la seule façon de pouvoir aimer l'autre sans condition. Sinon, on en revient encore et toujours à l'ego et à ses blessures. On ne peut pas dépendre de l'autre pour se sentir aimé. L'amour authentique, c'est ne rien avoir à demander en retour, ni affection particulière, ni attention, ni confort matériel. C'est accueillir ce qui vient de l'autre comme un cadeau et non pas une condition. Ce n'est pas non plus le posséder en imposant ses règles, en l'attachant, le contrôlant, en étant jaloux. Ce ne sont que des preuves du manque qui nous habite. L'amour vrai, c'est aimer quelqu'un sans réserve, avec ses qualités mais aussi ses défauts, sans vouloir le changer ou le retenir à tout prix. Comme on peut aimer son propre enfant. Ce qui ne veut pas dire aveuglément sans tenir compte de ses propres limites. S'aimer soi, c'est aussi pouvoir se respecter, être capable de prendre de la distance si nécessaire, mais sans que l'amour qu'on porte à l'autre disparaisse pour autant. Il n'y a pas de sacrifice dans l'amour.

Ce matin, l'algorithme de Facebook m'a montré un souvenir d'il y a cinq ans. C'était la couverture d'un magazine très populaire sur laquelle je posais avec Jean pour la première fois. Une magnifique photo de nous deux enlacés. Lui, solaire, m'entourant de ses bras protecteurs. Moi, regardant vers l'horizon, l'air apaisé. Nous sommes si beaux sur ce cliché et nous semblons si heureux tous les deux. Un couple gay à la une. En toute simplicité et authenticité. J'en suis tellement fier.

VIII

En rentrant d'Espagne pour passer l'hiver et les fêtes en Belgique auprès des miens, j'ai décidé de faire un crochet par la Dordogne. De revenir là où tout a basculé pour moi. Contre toute attente. Comme si c'était enfin le bon moment de clore ce chapitre. Ma sœur Julie a hérité de la vieille ferme et sa grange branlante et, avec son mari Drago, elle s'est attelée à de lourds travaux de rénovation pour qu'elle redevienne le lieu d'insouciance de son enfance. Nous n'avons clairement pas la même vision de l'endroit. Car si elle aussi a souffert de notre famille dysfonctionnelle, c'est d'une toute autre façon. Sa résilience à elle est passée par le travail psychanalytique et l'aide aux réfugiés dont elle a fait un sacerdoce. Elle a aussi créé sa tribu comme un remède, avec trois filles magnifiques et épanouies. Une sorte d'antithèse de la famille de nos jeunes années. Un pansement magnifique sur sa douleur à elle.

Cela fait des années qu'elle me houspille pour que je les rejoigne dans leur maison de campagne. Mais à chaque fois j'esquive, terrifié à l'idée de devoir y affronter mes démons. Elle connaît mes raisons et je sais à quel point cela lui fait de la peine. Pour moi bien sûr. Mais aussi pour la fragile image qu'elle avait encore de notre smala recomposée. Pourtant, elle m'a cru, soutenu, continuant néanmoins à insister pour que je vienne dans le Périgord de notre jeunesse, persuadée, à raison, de l'effet réparateur que cela pourrait avoir sur moi. Avec beaucoup de patience et d'empathie. Alors, pourquoi ai-je accepté finalement ? Pourquoi maintenant ? Parce que Maman est morte sans doute. Et Bruno, le père de Zoé et Julie, aussi. Que mon voyage intérieur qui a mis mes démons en lumière arrive à son terme et qu'il est grand temps de boucler la boucle. Mais je me sens encore si fragile face à ma décision impulsive de revenir sur ce moment charnière de ma vie, ce vol de mon innocence et de ma pureté encore adolescente. C'est donc assez peu rassuré que je prends la route, l'esprit en proie à mille questionnements. Une peur incontrôlable m'étreint tout le long de ce pèlerinage très spécial. C'était il y a quarante ans. Quarante ans ! Que de temps perdu.

Je sors de l'autoroute à Périgueux et, pris dans des pensées qui me débordent, je manque de justesse d'exploser un de mes pneus sur une bordure. Comme si l'Univers m'envoyait un signe. Mais lequel ? Mon cœur bat de plus en plus fort quand j'emprunte le petit chemin qui traverse la forêt et qui mène à la maison. Je ne reconnais pas tout. Les paysages, les fermes environnantes, tout me paraît plus petit que dans mon souvenir. Plus banal. Moins chargé d'émotion. L'automne tire à sa fin et les arbres se dépenaillent dans une symphonie de rouge orangé. Des vignes alentour s'apprêtent à l'hivernage. Arrivé devant la grille, j'aperçois la bâtisse des vacances de mon enfance qui n'a plus grand-chose à voir avec celle de ces années bohèmes. Les rénovations la rendent plus présentable, elle s'est embourgeoisée. Et toujours cette sensation de petitesse par rapport à l'image que j'en avais gardé. Alors, je prends mon courage à deux mains et je m'élance à la rencontre de ma sœur qui vient d'apparaître sur le pas de la porte.

Julie affiche un sourire maternel à mon approche. Elle m'étreint longuement. Elle sait la pénibilité pour moi de ce retour en arrière. Alors, elle m'offre une douceur et une écoute bienveillantes tout en me prenant par la main pour entamer la visite des lieux. Je la sens heureuse de participer à sa manière à cet exorcisme très particulier que je suis en train de vivre. Il y a en elle tellement d'amour pour moi, et mes yeux s'embuent légèrement. La maison est magnifique. La toiture a été refaite et de belles poutres en chêne subliment les plafonds. Les enduits laissent échapper la jolie pierre calcaire du pays, et un feu de bois apporte chaleur et générosité à l'ensemble. Julie ne sait pas où la chose ignoble s'est passée. Mais quand on s'approche de la chambre en question, elle me voit tressaillir et je la sens prise d'un doute. Non, ce n'est pas ici qu'elle a prévu que je dorme et c'est un immense soulagement pour moi. Il n'y a plus de pierres plates empilées en guise de mur. Tout a été replafonné, et la petite pièce est désormais lumineuse et confortable. Mais je n'arrive pas à entrer. Impossible. Et en même temps, la banalité de l'endroit a pour effet de diluer subtilement ma terreur. Plus rien n'est là pour me rappeler ce viol. C'est comme si le temps effaçait l'ignoble. Alors, je commence doucement à m'apaiser.

Nous avons dîné dans la vieille salle à manger. Des spécialités du Sud-Ouest, terrine campagnarde et magret de canard, accompagnées d'un rouge bien charpenté. C'est comme si le brouillard s'estompait. Cette vieille ferme qui me faisait horreur quelques heures avant me semble tout d'un coup pleine de charme et de chaleur. À l'image de la vieille grange qui a enfin retrouvé son allure. C'est là que je vais dormir. Mais avant d'aller me coucher, je sors en catimini dans la cour éclairée par la lune. J'aperçois au loin une biche qui traverse la prairie qui s'étend devant. Une chouette hulule dans la nuit tandis que des chauves-souris s'élancent dans la pénombre. J'ai décidé de pardonner. C'est la seule façon de m'en sortir, d'extraire cette boue de mon corps et de mon âme. De renvoyer l'innommable à son propriétaire. Je m'assieds en tailleur face aux étoiles et j'essaie de m'adresser en conscience à Maurice. Mais ça ne vient pas. Ce pardon est tellement difficile. Tellement douloureux. Je tente de trouver l'impulsion, mais tout mon corps est pris de tremblements et aucun mot n'arrive à sortir de ma bouche. Je sanglote et des larmes incontrôlables glissent en rivières sur mes joues. Alors, surgit de je ne sais où une force que je ne connaissais pas. Et tandis que je pleure à chaudes larmes, je m'entends prononcer le mot « pardon ». D'abord faiblement. Puis de plus en plus fort, pour terminer par un cri venu du plus profond de ma chair. Oui, je lui hurle dessus pour lui dire que je ne suis plus propriétaire de sa merde. Qu'il peut la garder avec lui dans l'ombre nauséabonde de son âme. C'est tellement dur et en même temps tellement salvateur. La force du pardon, même du pire. Pour lui, qui n'a sans doute fait que reproduire ce qu'il a peut-être subi lui-même, mais aussi pour ce jeune garçon qui s'est cru coupable et qui a dû porter si longtemps cette honte.

Julie m'a entendu crier et elle est sortie me rejoindre. Elle s'assied à mes côtés et me prend dans ses bras. Nous pleurons ensemble mais ce ne sont désormais plus des larmes de peine, seulement l'expression d'une libération et de la joie qui peut enfin revenir. Elle est ma sœur, la seule qu'il me reste, elle est ma chair et mon sang, et en cette nuit très particulière nous sommes réunis par un amour infini. Me voilà à nouveau empli d'une puissance que je ne pensais plus pouvoir espérer. C'est comme si une douche de lumière venait laver les scories d'un lointain cauchemar. Alors, je remercie l'Univers de m'avoir permis d'enfin voir le bout du tunnel.

IX

Je viens de faire mon coming out spirituel. En publiant sur les réseaux sociaux une photo de moi prise devant l'entrée du centre Osho de Pune en Inde, habillé de la traditionnelle tunique bordeaux, les mains jointes en prière, je savais que j'allais déclencher une vague de réactions. Je n'ai pas été déçu. Tous les journaux ont repris le cliché pour annoncer le lancement de mes classes de méditations actives. Pendant le confinement, j'avais suivi une formation en ligne pour apprendre à enseigner la méthode inventée par Osho, poussé par l'envie de pouvoir partager à d'autres ces techniques amusantes et accessibles qui m'avaient tant aidé dans mon cheminement spirituel. Mais je n'en avais encore rien fait. Trop peur de me dévoiler. D'être mal compris, jugé. De casser mon image. Encore un problème d'ego bien sûr. C'est mon amie Karuna qui m'a convaincu de suivre mon cœur et de passer outre mes appréhensions en m'offrant l'espace de son centre de yoga pour y organiser mes séances. J'ai beaucoup hésité, tiraillé entre le désir de mon âme et les appréhensions suscitées par mon mental. Mon envie de pouvoir m'exprimer dans ma nouvelle authenticité et la peur du regard d'autrui. Appuyer sur le bouton « publier » n'a pas été chose facile. Guetter les premières réactions de mes abonnés non plus. Ces dernières années, j'avais volontairement tourné le dos à ces plateformes pour guérir mon insatiable besoin de validation. Alors, y revenir sans crier gare en m'affichant habillé comme un moine zen pour parler de méditation... Il y avait de quoi en surprendre plus d'un.

Je ne le regrette pas. Bien au contraire. Bien sûr, on a jasé. Je sais que des captures d'écran ont fait le tour de mes anciens amis. Entre fous rires et incompréhension, certains ont adoré m'imaginer sombrer dans une folie mystique. Ce dévoilement public de mes nouvelles aspirations est tellement éloigné de leurs préoccupations matérialistes. Mais pour la première fois, j'ai senti que cela glissait sur moi. J'assumais enfin ma vérité. À l'inverse, d'autres ont salué avec énormément de bienveillance cette transformation. L'ont comprise. S'y sont retrouvés. Et les classes ont été un succès et une révélation pour moi. J'ai pris un plaisir immense dans ces partages, cette connexion particulière avec des hommes et des femmes en recherche comme moi. J'ai aimé les prendre par la main et leur permettre d'accéder à davantage de sérénité, de lâcher prise et de joie. De cocréer ces moments hors du temps avec Karuna, ma sœur de lumière. Avec humilité et amour.

Des miracles ont suivi rapidement. En lâchant mon ego, en écoutant uniquement le désir de mon âme, sans autre intention que le partage sincère, j'ai envoyé un message à l'Univers qui m'a répondu comme il le fait toujours. Encore cette fameuse loi de l'attraction. Intéressé par ce revirement de carrière inattendu, un organisateur de voyages m'a proposé d'animer des circuits sur le thème de la spiritualité, en Inde et ailleurs. Tout ce que je souhaitais. Continuer à explorer le monde en partageant avec d'autres ma nouvelle vision. L'intention était déjà dans mon cœur, je n'avais plus qu'à attendre qu'elle se réalise. Il fallait juste que je m'aligne à mon authenticité en osant la dévoiler. Mon annonce a aussi intrigué une éditrice intéressée par le récit de ce voyage vers moi. Le livre était déjà là, écrit en partie durant mon aventure. J'hésitais juste à le faire publier de peur de rouvrir certaines blessures. J'ai vu cette curiosité comme un appel, un signe qu'il était temps de le faire. Dire qu'il n'y a pas d'ego dans ces écrits où je ne parle que de moi serait idiot. Et je sais qu'ils se vendront d'abord sur mon nom ou ma photo. Mais j'ai l'espoir qu'ils éveillent quelques graines prêtes à germer et puissent éventuellement être une inspiration pour certains.

Ces cadeaux, je les dois donc à Karuna, à son obstination, sa sensibilité. Elle a vu en moi ce que je n'osais pas encore percevoir et m'a convaincu de franchir le pas. Nous nous sommes rencontrés car nous avions une mission l'un pour l'autre. Je te soigne, tu me soignes. Son nom signifie « compassion » en sanskrit. Je ne doute pas qu'elle en ait beaucoup, puisqu'elle a perçu que ne pas être pleinement moi devait être une douleur et qu'elle m'a pris par la main pour me guider sur la bonne route, celle de ma vérité. Mais pour moi, elle est surtout le feu, passionnée, brûlante, derrière une apparente douceur. Karuna est très belle, grande, mince et brune, le corps sculpté par le yoga. La classe au naturel. Elle est le reflet de son âme. C'est une magicienne qui est entrée dans ma vie et je chéris notre connexion si particulière.

X

L'équipe technique s'active autour de moi pour les dernières mises au point avant le tournage du premier plateau. Je sens la lumière que le chef opérateur pointe vers mon visage, alors que la maquilleuse s'active avec une houppette pour faire disparaître les dernières brillances de mon visage. L'ingénieur du son réajuste mon micro et me tend une oreillette. Petit coucou de la régie pour s'assurer de la bonne liaison auquel je réponds par un sourire en levant mon pouce devant l'objectif. Plus que quelques minutes avant l'enregistrement... Je connais cela par cœur. J'ai comme l'impression d'un retour à la maison. Tant de temps s'est écoulé depuis la dernière fois. Pourtant, le gamin blessé, fracturé, qui avait claqué la porte de cet univers il y a quatre ans, a tellement changé. C'est un homme si différent qui se retrouve aujourd'hui face aux caméras. Quelques rides en plus bien sûr, un teint buriné par le soleil andalou, davantage de cheveux gris. Cela, c'est à l'extérieur. En revanche, en observant bien mon regard, la porte de l'âme, les téléspectateurs les plus sensibles pourront y déceler le vrai changement. Le chemin parcouru, la paix qui s'est enfin emparée de mon cœur, l'amour qui y a retrouvé sa place. Mais pour cela il a fallu que je reconnaisse mes parts d'ombre pour enfin faire la paix avec elles. Que ma vie s'écroule pour que je puisse songer à la reconstruire. Que j'aille au plus profond de moi pour y extraire enfin la lumière qui s'y cachait depuis toujours.

Murielle, la productrice, a réuni autour de nous des professionnels talentueux qui vibrent des mêmes énergies bienveillantes. C'est une bulle et je m'y sens protégé. Une Renault Zoé m'a dépassé ce matin dans le parking devant les studios. Encore un signe que je suis sur la bonne route. Nous sommes ici pour contribuer à changer le monde. Pour tenter d'éveiller les consciences du plus grand nombre afin d'apporter notre petite pierre à l'édification du nouveau paradigme auquel nous aspirons tous. Une société où l'unité, l'amour et le respect de l'humain et de la nature qui l'entoure reprendront la place qui leur est due. C'est ce qui m'a convaincu d'y retourner. De retrouver le public et les projecteurs. Mais cette fois-ci ce ne sera plus pour tenter vainement de panser les blessures béantes qui étaient les miennes. Je ne suis plus à mon service. Juste un intermédiaire désormais. Pourquoi jeter aux oubliettes trente ans de savoir-faire si ce lien particulier que j'ai pu créer avec ceux qui me portent attention peut servir de nobles intérêts ? J'ai finalement compris, à l'issue de cet incroyable parcours vers moi qui m'aura pris dix ans, que je n'avais pas été attiré par hasard par le monde des médias. Je fais assurément partie de la caste des communicants. Enseignants, journalistes, écrivains, artistes ou comédiens. J'ai reçu ce don en héritage. Certains se sont éveillés pour construire la nouvelle Terre dans la matière. D'autres ont pour objectif de guérir nos ego à la dérive. Ma mission de vie est de transmettre, de faire passer des messages. En m'effaçant derrière la cause, tellement plus noble que mes petites fêlures narcissiques, il me revient de planter des graines afin qu'elles fleurissent et donnent naissance à cette nouvelle humanité en train d'éclore.

Enregistrement dans cinq minutes ! Je ferme les yeux et j'inspire profondément pour me connecter à la Source. Mon cœur s'apaise et je me laisse porter en confiance. Foi et joie, comme dirait mon amie Énéa, la passeuse d'âmes. C'est la plus grande leçon que j'ai pu tirer de ce chemin d'éveil qui se poursuit encore et se poursuivra jusqu'à ma mort, tant il y a toujours à apprendre pour grandir et devenir chaque jour un peu plus une meilleure version de moi-même. Lâcher prise et faire confiance, sans peur, le cœur ouvert. C'est aussi le précepte le plus difficile à appliquer. Pourtant, quand on y arrive, quand l'envie et le besoin permanent de contrôle s'estompent, on comprend que c'est la clé du vrai bonheur. Arrêter de vouloir maîtriser le flux de la vie qui n'est que changement et impermanence. Accepter tout ce qu'elle met sur notre route comme un cadeau même si, sur le moment, cela ressemble à une épreuve injuste et insurmontable. Car tout a un sens. Tout a un but. Et résister ne peut apporter que de la souffrance. Cela s'appelle suivre le flow. Se laisser porter par le courant de l'existence qui nous emmènera parfois bien loin de ce que notre mental aurait aimé planifier. S'en remettre entièrement à la Vie et accueillir les surprises finalement toujours magnifiques qu'elle a prévues pour nous. Tout est juste. Tout. C'est ce qu'il faut comprendre. Assimiler.

Mais il y a une chose encore plus essentielle. La plus importante de toutes. C'est d'ailleurs le seul but de notre existence sur cette planète. Notre seule raison d'être, pour nous-mêmes, nos frères et sœurs de lumière et la Terre mère. Ce n'est pas le pouvoir, la gloire ou la fortune. Bien sûr que non. La seule chose qui compte finalement, c'est l'agapè. L'amour universel et désintéressé.

L'Amour avec un grand A.

Retrouvez toute l'actualité de
Thomas Van Hamme sur
www.thomasvanhamme.com